Louis Philibert
Souvenirs, souvenirs...

Devant le rouleau compresseur qui fut mon outil de travail
en service vicinal.

ISBN : 2-86-276-248-2
© Jeanne Laffitte, 1994.

Louis Philibert

souvenirs, souvenirs...

EDITIONS JEANNE LAFFITTE

La République qui gagne

Depuis deux siècles, la République se construit et se développe par l'addition invisible des vies de ses citoyens exemplaires. Certaines sont éclatantes, d'autres plus secrètes. Leurs luttes sont le ciment de l'édifice commun. Il y a la souffrance, parfois le sacrifice, au bout du compte, c'est la République qui gagne.

Louis Philibert lui a beaucoup donné. Son itinéraire fut toujours guidé par l'esprit qui anime, depuis Condorcet, le meilleur de ce pays. Il a commencé parmi la multitude des humbles ; très tôt, il a fait le choix de la justice. Le syndicalisme, la Résistance l'ont conduit au combat politique. C'était l'issue naturelle de ses engagements.

Ceux qui l'ont élu ne se sont jamais départi de leur confiance. Cette fidélité est une exception, elle porte le témoignage d'une vie entière consacrée au bien public. Au nom de la Nation, je lui rends l'hommage qu'elle mérite.

Et je forme le vœu que ce livre de souvenirs nourrisse parmi les cadets le goût de servir.

François Mitterrand

Vendredi 13

Je suis né le 13 juillet 1912. En vérité, j'aurais pu mieux faire car ce jour-là était un vendredi et il n'est pas bon de venir au monde un vendredi 13. C'est en tout cas ce que pensaient mes deux grand-mères, Isidorine, de Vauclaire, et Valérie, de Meyrargues, qui étaient bonnes chrétiennes et très pratiquantes comme on savait l'être encore au début de ce siècle dans les petits villages de Provence où l'ombre du clocher était plus rassurante que celle des platanes. Ces deux excellentes personnes, qui attendaient l'heureux événement comme on attendait le Messie, crurent tout à coup que le ciel venait de leur tomber sur la tête. Et quand je dis « le ciel » je songe à tous ceux qui sont censés l'habiter, en particulier tous les vénérables ancêtres des deux estimées familles dont j'étais l'aboutissement.

A l'exception de mon père, homme doué d'un sens pratique très développé et que la vie avait habitué à se sortir tout seul des situations les plus difficiles, tous (et toutes) pensaient que je voyais le jour sous des auspices peu favorables. Pour mes grand-mères, quelques minutes après ma naissance, mon avenir était bien sombre.

Cette naissance, tant espérée, se révélait presque comme une catastrophe à cause de cette fâcheuse coïncidence que mes chers géniteurs n'avaient, évidemment, pas souhaitée. Un petit vent de panique souffla, que mon père apaisa en faisant, devant sa mère et sa belle-mère, cette déclaration qui me fut, par la suite, souvent répétée comme si elle avait changé mon destin : « Eh, bien j'irai déclarer à la mairie qu'il est né le 12 ».

A cette époque, à Meyrargues comme dans la plupart des communes de France, les femmes accouchaient à la maison et il était relativement facile de faire une entourloupette à l'état-civil. Ce délit n'était pas bien grave. En outre, il était fort courant. J'ai appris par la suite que dans certaines régions comme la Corse cette façon de procéder se perpétue.

Ce handicap initial aplani une fois pour toutes grâce au bon sens de mon père, qui aurait pu craindre le courroux du maire car il était difficile, dans une aussi petite commune, de masquer une réalité aussi forte qu'une naissance, je fus enfin paré pour affronter la vie.

Les deux familles dont j'étais le rejeton étaient honnêtes et modestes. Mon grand-père, Auguste Philibert, était métayer à Vauclaire ; les parents de ma mère, M. et Mme Bourrillon, boulangers à Meyrargues. Avant la guerre de 14-18, mon père, Benjamin, s'était installé à Pertuis, de l'autre côté de la Durance, où il avait créé une messagerie. C'est-à-dire une entreprise de transport dont le matériel était constitué d'une lourde charrette tirée par quatre chevaux. En travaillant beaucoup, il parvenait à faire vivre sa famille comme on vivait au début de ce siècle en Provence et sans doute ailleurs. On ne comptait pas ses heures chaque jour de la semaine et c'est pourquoi on savourait pleinement le dimanche, jour où les femmes et les enfants allaient à la messe et les hommes au café.

Benjamin avait 27 ans en 1914, lorsqu'il fut enrôlé sous les drapeaux. C'était un homme dans la force de l'âge qui garda l'uniforme pendant ces quatre années terribles. Verdun, la Somme, le Chemin des Dames, sont des lieux que j'entendis souvent citer durant mon adolescence et qui, pour moi, restent depuis cette période synonymes de carnage et de mort.

Son frère, Louis, qui était mon parrain, n'eut pas autant de chance. Il avait remplacé mon père dans l'entreprise de messagerie qu'il fit marcher avec ma mère. Puis il fut mobilisé à son tour et mourut sur le front. Il avait à peine vingt ans. Son nom, qui est aussi le mien, est inscrit avec d'autres sur le monument de Meyrargues. C'était en septembre 1916.

Ma mère, seule, ne put continuer. Elle vendit la modeste entreprise fondée par Benjamin et nous vînmes tous nous réfugier à Meyrargues chez ma grand-mère Bourrillon dès 1916. J'avais quatre ans.

Lorsque mon père est revenu, sain et sauf, de la guerre, il n'a pas eu le courage de recommencer. Trop d'événements douloureux s'étaient déroulés, il était resté trop longtemps séparé de ceux qu'il aimait. Il ne voulait plus que cela se reproduise et ma mère lui donnait raison. Il a cherché une place stable à proximité de sa maison. C'est ainsi qu'il est devenu cantonnier au Puy-Sainte-Réparade. Quelques années seulement avant moi.

Au commencement, Benjamin allait tous les jours de Meyrargues au Puy à vélo. Les deux communes ne sont distantes que de huit kilomètres et la circulation automobile, au lendemain de la guerre de 14-18, était pratiquement nulle. La route, d'ailleurs, n'était pas goudronnée.

En 1921, il réussit à se loger dans le village où, désormais, il avait son travail. Il y emménagea avec sa famille le jour de la Saint-Michel. Le 29 septembre 1921. J'avais neuf ans.

Et seulement trois ans à aller encore à l'école.

Premier du canton

Eh oui, j'ai définitivement achevé mes études à douze ans ! A cette époque, c'était le lot commun. Il n'y avait pas si longtemps que Jules Ferry avait rendu l'école obligatoire et le ministre de l'Education nationale était fort loin d'imaginer qu'un de ses successeurs aurait pour objectif d'amener 80% des élèves jusqu'au baccalauréat. Je pense que cela ne résoudrait aucun des problèmes actuels.

Ça me fait penser à Louis Reynaud, qu'on appellait, au Puy, « Le grand Loulou ». Quand il était petit, il avait une mauvaise vue. Or, à cause des notes qu'il obtenait et qui n'étaient pas fameuses, il reculait et s'éloignait de plus en plus du tableau. Par conséquent, il y voyait de moins en moins et devait reculer encore. Le seul avantage de cette situation est qu'il se rapprochait du poêle, ce qui était un réel avantage en période d'hiver.

Il y a quelques années, comme nous évoquions cette époque, il m'a dit : « Si c'était aujourd'hui, l'assistante sociale aurait vite décelé cette imperfection et aurait conseillé à mes parents de m'acheter des lunettes. »

Et il a ajouté en provençal : « Beleu, sariéu sourti de polytechnique » (Peut-être serais-je sorti de Polytechnique).

En 1924, en particulier dans les campagnes, les bacheliers étaient rares. Je ne me souviens pas d'en avoir rencontré. Le niveau de vie n'était pas très élevé. On ne parlait pas de « pouvoir d'achat ». On était bien content de payer son pain au jour le jour et les jeunes n'avaient pas beaucoup d'argent de poche. A douze ans, il fallait travailler. Les filles cousaient ou faisaient des ménages pour des « salaires » qui, aujourd'hui, prêteraient à sourire ; les garçons entraient chez les artisans comme apprentis, ou bien allaient aux champs.

J'ai fait comme tout le monde car jamais à la maison il n'avait été question que je poursuive au-delà du certificat. Pourtant, j'étais ce que l'on appellerait aujourd'hui un bon élève. A l'école communale du Puy-Sainte-Réparade, je m'intéressais à tout ce qu'enseignait notre maître, François Tronc.

C'était un colosse de cent vingt-cinq kilos, qui tenait certainement de cette stature surnaturelle une autorité incroyable. Je pense souvent à lui, aujourd'hui encore, lorsque je lis dans les journaux que tel enseignant s'est fait molester par des parents d'élèves, voire des élèves irascibles. Le père Tronc nous distribuait quelquefois des raclées – que nous avions certainement méritées – et jamais nous ne songions à nous plaindre à la maison car nous en aurions reçu une autre.

Aucun de nous n'en a vraiment souffert, sauf peut-être sur le moment. Nous en avons conservé un sens de l'autorité et de la discipline dont je crains qu'il fasse de plus en plus défaut aux générations qui se sont succédé. Les mentalités ont changé. Je ne suis pas sûr que, dans ce domaine, il s'agisse réellement d'un progrès.

Le « certif » était, au début de ce siècle, une des grandes étapes de la vie. Comme le conseil de révision, le mariage, la naissance du premier enfant...

Je m'y suis présenté avec infiniment de respect et me suis appliqué autant qu'il m'était possible. J'en fus bien récompensé puisque j'eus la chance (et peut-être un peu le mérite !) de sortir premier du canton, avec mention très bien, ce qui honora mon père et ma mère et remplit de joie M. Tronc, archétype du bon maître républicain, fier de voir un de ses élèves ainsi placé sur le podium cantonal. La laïcité, considérée comme l'égalité des chances, en sortait tout auréolée de tricolore.

Avant M. Tronc, j'avais eu un premier instituteur lorsque je fréquentais l'école de Meyrargues. Il s'appelait Maurice Gautier et nous l'avions surnommé « Pipette » parce qu'il arborait en permanence au coin des lèvres une bouffarde dont il tirait des nuages de fumée qui ajoutaient au mystère entourant généralement science et savoir pour les enfants de notre âge.

Ce bon maître, que j'avais fini par oublier, je l'ai revu quarante ans plus tard, alors que je me présentais pour la première fois à la députation dans la circonscription d'Aix-en-Provence. « Pipette » s'était retiré à Vauvenargues où j'étais venu, avec quelques supporters, tenir une de ces traditionnelles réunions pour parler de tout et de rien, c'est-à-dire de ce qui est censé intéresser les gens.

C'était pendant la campagne pour les élections législatives de 1962. Nous étions tous à la mairie et le retraité était assis au premier rang. Il paraissait m'écouter avec beaucoup de plaisir, ce qui ne laissait pas de me surprendre car je n'ai jamais été un bon orateur. Je dis simplement ce qui me paraît bon, sans me soucier de faire des phrases ronflantes, dont j'ai souvent constaté qu'elles avaient une fâcheuse tendance à endormir les auditoires.

Je ne me souviens plus de quoi je parlais ce soir-là. Ce que je garde en mémoire c'est que ce brave homme se retournait fréquemment pour adresser quelques mots à des personnes assises au deuxième rang. A la longue, cela m'avait intrigué et, à la fin de la réunion, le pastis à la main, je m'étais renseigné sur les commentaires de l'ancien instituteur. Il m'importait de savoir ce qu'il pensait de moi, lui qui me connaissait bien, et s'il me donnait quelque chance de succès. C'est ainsi que j'appris qu'il répétait inlassablement cette petite phrase dont il était impossible de tirer une signification et, à plus forte raison, un engagement politique : « Es yeu què l'aï appris a liégi » (« C'est moi qui lui ai appris à lire »).

L'école laïque avait une excellente image et, personnellement, je trouve formidable que ces deux instituteurs aient réussi à m'apprendre autant de choses en aussi peu de temps !

A douze ans, j'avais mon « certif », obtenu avec mention très bien. J'avais réussi à l'examen des bourses, ce qui m'aurait permis de continuer à étudier à Aix sans qu'il en coûtât trop à mes parents. Nonobstant, j'ai dû m'engager comme ouvrier agricole pour amener un peu d'argent chaque mois à la maison.

Au travail !

Etre mis au travail à douze ans relevait d'une grande banalité en 1924, une période que l'on devait appeler plus tard « La belle époque ». Certificat d'études en poche et titulaire de bourses de l'Education nationale, j'aurais sans doute pu continuer mes études, espérer obtenir, en quatre ans, le Brevet élémentaire et, peut-être, en rêvant un peu, le baccalauréat de l'enseignement secondaire. Mes maîtres disaient que j'étais doué.

Je n'aurais donc pas pleuré si mon père m'avait dit : « Louis, tu as bien travaillé à l'école et tu mérites de continuer. Nous allons t'inscrire au collège. »

Mais voilà, il n'en était pas question. Mes chers parents avaient beaucoup de soucis avec mon frère Raoul, mon cadet de huit ans, dont la santé était délicate. Et puis, la guerre de 14-18 avait modifié à la baisse les ambitions de Benjamin. Son modeste salaire de cantonnier ne lui permettait pas la moindre extravagance et ç'en eût été une de ne pas mettre son fils au travail à douze ans, comme tous les autres gosses du village.

Sans vraiment avoir réfléchi à ce dilemme, je tirai donc un trait sur mes études et me trouvai, comme on dit aujourd'hui, sur le marché du travail.

En 1924, que pouvait-on espérer dans un petit village des bords de la Durance bercé par le rythme des saisons ? L'activité industrielle était mince. Il y restait l'agriculture ou l'artisanat.

Je choisis l'agriculture pour la raison toute simple qu'il n'y avait pas besoin d'apprentissage et que l'on pouvait y devenir un « ouvrier » très rapidement. C'est-à-dire bénéficier tout de suite d'un salaire relativement conséquent pour l'époque.

L'agriculture avait un énorme avantage pour les jeunes qui cherchaient du boulot : elle manquait de bras, alors qu'aujourd'hui elle manque de débouchés. Je trouvai donc tout de suite un employeur. Puis un second, puis un troisième. Il y avait un an environ que j'errais ainsi, d'un champ à l'autre, lorsque j'eus enfin un emploi stable à la ferme de La Garde.

J'étais payé au mois, logé et nourri. Je gagnais 250 francs l'hiver, où les journées étaient courtes, et 400 francs l'été, heures supplémentaires comprises. D'ailleurs, la notion d'heures supplémentaires ne me fut connue que plus tard lorsque je devins délégué syndical dans l'administration des Ponts et chaussées.

La journée de l'ouvrier agricole débutait à l'aube et s'achevait au crépuscule. En hiver, cela allait encore mais l'été on trouvait le temps long. On travaillait six jours et demi par semaine, du lundi matin au dimanche à midi, et, bien entendu, les congés annuels n'existaient toujours pas. Les ouvriers devaient encore patienter douze années et, en 1936, la première fois qu'on les leur a donnés, ils les attendaient si peu qu'ils ne surent pas quoi en faire. Certains préférèrent continuer à travailler.

Je fus de ceux-là.

Mon patron avait été aussi surpris que moi, mais peut-être pas pour les mêmes raisons. Nous en avons discuté et il a accepté de me payer double salaire durant quinze jours. C'est ainsi que j'ai passé mes premiers congés payés. A travailler comme si le Front populaire n'avait jamais existé. Pourtant, j'ai toujours eu le cœur à gauche. Simplement, comme beaucoup d'autres, je n'étais pas préparé à ce bonheur que nous apportait le gouvernement de Léon Blum.

Le propriétaire du château de la Garde se nommait M. Saint-Marc. Il employait une demi-douzaine d'ouvriers agricoles, pour la plupart d'origine italienne. Je peux dire qu'ils m'ont mené la vie dure.

Je n'ai jamais été fainéant. En revanche, quand j'étais jeune, j'aimais me coucher tard. Eux, m'ont appris à me lever de bonne heure et sans lésiner sur les moyens. Les réveils ne s'effectuaient jamais en douceur. Je me suis retrouvé souvent au sol, la paillasse sur moi, après avoir été tiré sans ménagement de mes rêveries d'adolescent d'autrefois. Je n'en suis pas mort mais j'en ai conservé un souvenir un peu rude. Aujourd'hui, dans notre monde douillet, de telles conditions de vie seraient assurément intolérables. A cette époque-là, elles étaient presque normales. Il fallait s'y faire. On s'y faisait. A la longue, on s'endurcissait. On devenait un homme, comme disaient les anciens.

A seize ans, je pesais quatre-vingts kilos. J'étais un beau garçon, sauf que j'avais perdu un œil à trois ans, à cause d'une pierre jetée par un gamin de mon âge, dans la cour de l'école maternelle de Pertuis.

Je pouvais donc me défendre mais je n'osais pas. Par timidité. Parce que j'étais le petit nouveau. Parce que je n'avais que seize ans, alors que mes camarades de travail en comptaient au moins dix ou vingt de plus.

Jusqu'au jour où un des Italiens me donna une gifle sous un prétexte que je n'ai pas retenu. Je ne retins pas non plus mon poing droit qui se détendit comme un diable sortant de sa boîte et Primo, c'était le nom de cet ouvrier agricole, se retrouva au sol, allongé pour le compte. En le considérant ainsi je jurai que jamais plus on ne me frapperait sans que je rende, au moins, coup pour coup. J'ai eu plusieurs fois l'occasion de montrer ma fidélité à cet engagement.

Dans les fermes, on travaillait beaucoup mais on mangeait autant qu'on voulait. Quand je raconte tout ça à mes petits enfants : que j'ai commencé à douze ans, que, l'été, je travaillais douze heures par jour et même le dimanche, ils n'arrivent pas à me croire.

Il y avait parmi les ouvriers de la ferme de la Garde un homme dont la femme avait mauvais caractère (je sais que c'est très rare mais cela arrive quelquefois !). Il rentrait chez lui le plus tard possible et ce n'était pas toujours parce qu'il faisait des heures supplémentaires. Un soir qu'il s'était attardé plus que d'habitude, il prit encore plus de précautions pour ne pas réveiller la dame qui dormait. Il enleva ses chaussures au bas de l'escalier et monta vers la chambre sans faire plus de bruit qu'une plume de perdreau tombant sur de la mousse.

Hélas pour lui, c'était encore trop. Sa femme, qui ne devait dormir que d'un œil lui demande :

– Jousé, quent'houro es ? (Joseph, quelle heure est-il ?)

– Es un ouro. (Il est une heure)

Malheureusement, à cet instant précis, la pendule du salon sonna trois fois, ce qui venait malencontreusement contredire l'affirmation du brave Joseph. Il ne se démonta pas pour si peu. Le troisième coup résonnait encore que déjà il avait trouvé la parade :

– Marie, entende aquelo puto de pendulo. De pou que lou sachen ipas qu'es un ouro, va repeto tres cop ! (Marie, entends cette pute de pendule. De peur que nous ne sachions pas qu'il est une heure, elle le répète trois fois !)

Moi, j'avais à peine le temps de penser à la chasse. Pourtant, la chasse a toujours été ma passion. Elle m'a servi à manger ainsi qu'à nouer quelques solides amitiés dans des milieux sociaux qui, a priori, étaient fort éloignés du mien.

J'ai pris mon premier permis à seize ans. Il n'était pas question d'examen. La seule condition était de trouver l'argent pour payer le fusil et les cartouches. L'arme était souvent une vieille pétoire, un Lefaucheux à broche ou un « percussion » à chiens apparents. Quant aux cartouches, nous les fabriquions le soir en famille avec la poudre noire, les bourres et le plomb achetés en vrac chez l'armurier. Je peux dire qu'elles tuaient aussi bien que celles d'aujourd'hui. Le gibier, il est vrai, était moins méfiant et, surtout, infiniment plus abondant.

Les perdreaux, ces « mange-cartouches », n'étaient guère chassés qu'à l'affût (les vieux disaient « à l'espère »). Je me souviens que j'avais une cabane où je les agrainais patiemment jusqu'à l'ouverture afin de les rassembler dans l'espoir d'en tuer plusieurs d'un seul coup. C'était pour faire des économies.

Maintenant, j'achète mes cartouches par lots de mille. Mes petits enfants savent où je les tiens. Ils n'ont donc pas besoin de les fabriquer eux-mêmes, bien que je possède encore le matériel nécessaire pour cela. Tous les chasseurs font pareil. Les économies sur les munitions sont passées de mode. Le gibier abondant aussi.

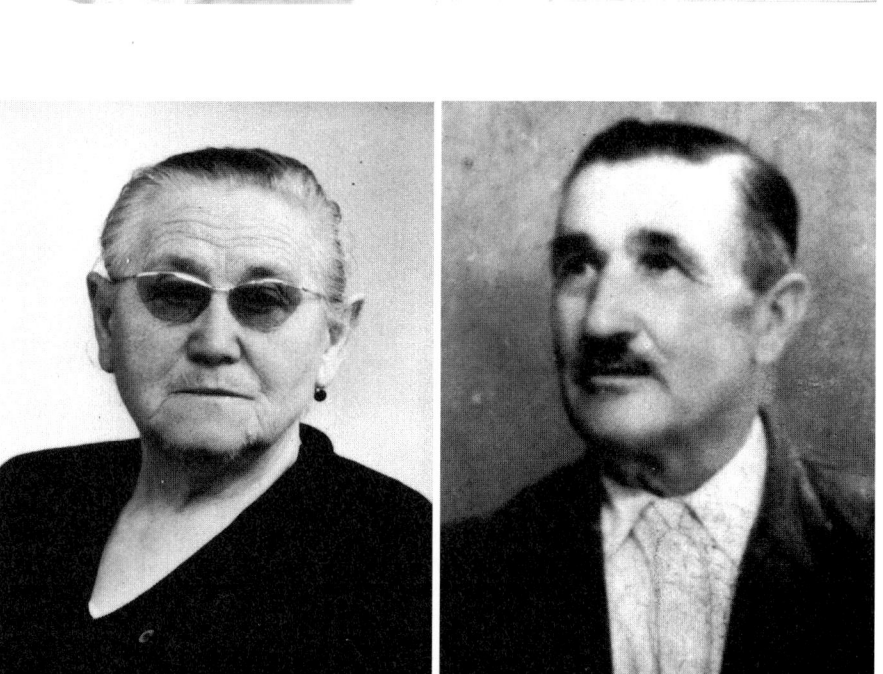

Mon père Benjamin et ma mère Aurélie à 20 ans, et à 70 ans passés.

Mon service militaire au 20ᵉ bataillon des chasseurs Alpins à Antibes.

Ma femme Lucienne, mon fils Robert, et ma fille Louisette.

Mon arrière-petit-fils Nicolas, né le 1ᵉʳ décembre 1993.

Mon petit-fils Michel, décédé le 20 mai 1990.

*Devant ma maison à la Cride. De g. à dr. : mon petit-fils Pierre,
Chantal, la mère de Nicolas, ma belle-fille Colette, mon petit-fils Alain,
ma fille Louisette, mon fils Robert, mon gendre Robert et son fils Nicolas,
et ma compagne.*

Avec ma compagne Josiane.

A la chasse en Camargue, à basse Méjanes...

... et en Sologne avec mon fils Robert.

Chasse en Sologne avec le ministre Michel Charasse en octobre 1990.

Avec Maurice Faure et Gaston Defferre, en Angleterre, novembre 1985.

La ferme de la Garde où j'ai travaillé comme ouvrier agricole de 1924 à 1929.

Le rouleau compresseur

Je suis resté à la ferme de la Garde jusqu'en 1929.

A dix-sept ans, j'avais déjà cinq années de travail derrière moi et si, à cette époque, la Sécurité sociale avait existé j'en serais, aujourd'hui à deux cent quatre-vingts trimestres de cotisation : près de deux fois le minimum exigé.

Mon père avait réussi à me faire embaucher comme ouvrier auxiliaire aux Ponts et chaussées et je travaillais sur les routes, autour du Puy Sainte-Réparade, à répandre du gravier à la pelle en attendant que le rouleau compresseur vienne l'aplatir tant bien que mal. Je regardais avec admiration cet engin et j'éprouvais une sorte de fierté à préparer le terrain pour une machine aussi puissante, qui m'apparaissait comme un monstre de technologie.

Celui qui le conduisait se nommait Dupuy. Je le regardais faire avec beaucoup d'attention. Je crois bien que je l'enviais.

Un matin, le rouleau est resté sur le bord de la route, du côté de Puyricard. Dupuy ne s'était pas présenté. Il avait fait savoir qu'il ne viendrait plus parce que l'administration départementale lui refusait sa titularisation dans le corps de la voirie vicinale. Le chantier était en panne.

Quelle belle opportunité pour un jeune auxiliaire de montrer de quoi il était capable ! Poussé par je ne sais quelle inspiration, je m'installai sur le monstre de fer et, essayant de me remémorer les gestes de mon modèle, j'entrepris de le faire fonctionner.

J'appris ce jour-là qu'il n'y a souvent que le premier pas qui compte. A ma grande stupéfaction, le rouleau se mit à avancer et à aller presque dans la direction que je souhaitais. Mon père me regardait sans rien dire. Cette attitude m'a certainement rassuré en même temps qu'elle me mettait au défi. J'ai réussi à arrêter la machine

17

après un trajet d'une dizaine de mètres, qui me parut être le tour du monde. J'ai enclenché la marche arrière, stoppé une nouvelle fois, avancé encore... Finalement c'était facile. La grosse bête ne mordait pas. Elle était même très docile.

Absorbé par la conduite, je n'avais pas remarqué que l'ingénieur était arrivé et qu'il parlait à mon père. C'est quand j'ai vu Benjamin venir vers moi en agitant les bras que j'ai enfin vu l'ingénieur... et compris que la suite de ma carrière dans le service vicinal était lancée.

Ce devait être mon jour de chance, une sorte d'anti-vendredi 13, car ce que mon père m'annonça lorsque j'eus arrêté la machine m'étonna si fort que je ne le crus pas. Pourtant, j'avais bien entendu et ces quelques mots sonnent encore dans mes oreilles, plus de soixante ans après : « Monsieur l'ingénieur dit que tu peux continuer si ça t'amuse ».

C'est ainsi que je devins conducteur d'engin.

Cette promotion, ma première, j'étais allé la chercher avec une certaine inconscience que l'on ne pourrait imaginer aujourd'hui où, pour devenir « agent de travaux », c'est-à-dire cantonnier, il faut passer un concours assez difficile et satisfaire à un examen médical. Sans parler d'un brevet de conducteur pour s'asseoir aux commandes d'un engin de cette nature.

Je crois qu'à force de créer des diplômes on leur a enlevé une grande part de leur valeur. Je connais des bacheliers qui postulent vainement à un emploi manuel. De mon temps, être bachelier, c'était un véritable exploit. Cela suffisait pour être instituteur et un instituteur c'était un Monsieur !

J'ai écrasé du gravier sur toutes les routes de l'arrondissement d'Aix jusqu'à mon départ pour le service militaire, en 1932. Grâce à cette position bien assise, j'avais pu m'émanciper et louer une chambre à Aix. Elle me coûtait 100 francs par mois.

Ces trois années ont vite passé. Je m'éveillais à la vie après n'avoir connu comme univers que les champs de la ferme de la Garde que je quittais trop fourbu le soir pour songer à autre chose qu'à un sommeil réparateur. Le travail sur la route et la chambre à Aix avaient fait de moi un autre jeune homme, qui n'avait cependant aucune attirance particulière pour la condition militaire. Je ne crois pas avoir été un bidasse modèle malgré mes dispositions physiques rapidement décelées par le médecin major lors du conseil de révision.

Il faut dire que ces dispositions étaient évidentes : je mesurais 1,78 m, pesais 102 kg et, s'il n'y avait pas eu ce caillou à l'école maternelle de Meyrargues, j'aurais pu postuler au rôle d'un Rambo d'avant la guerre du Viêt-nam.

Mon problème oculaire n'avait pas échappé à cet éminent détecteur de jeunes recrues. Se tournant vers les membres du conseil, il avait prononcé cette sentence : « Dommage qu'il lui manque un œil, il aurait pu présenter les armes avec un canon de 75. »

J'étais à deux doigts d'être déclaré inapte. Heureusement j'ai eu, devant le sous-préfet et les maires du canton prêts à prendre en pitié le grand garçon handicapé, debout nu devant eux, une réaction propre, je crois, à tous ceux qui souffrent d'un complexe.

Je ne voulais surtout pas que l'on me plaigne. M'adressant particulièrement à mon ancien patron, qui siégeait à ce conseil en sa qualité de maire du Puy, j'ai dit : « Demandez à M. Durand si quand il part un perdreau devant moi je ne le vois pas ! »

Ce cri de révolte, bien compris par tous ces braves gens, a inversé la décision : « Vous voulez faire le service militaire, eh bien soit ! »

Je fus donc déclaré « bon pour le service », malgré mon œil en moins. Et, si je quittai, un an plus tard, le 20° Bataillon de chasseurs alpins d'Antibes comme soldat de deuxième classe et sans certificat de bonne conduite (parce que j'avais trop souvent fait le mur), mon handicap ne m'empêcha pas de me distinguer dans la musique du régiment et dans l'orchestre militaire, où je tenais d'une main ferme le trombone à coulisse.

J'ai conservé quelques bons souvenirs de cette période. Avec la musique du régiment, nous étions invités dans la plupart des fêtes de la Côte d'Azur : Cannes, Nice, le Carnaval, la Bataille des fleurs...

Le chef de musique était devenu mon ami. Quand j'étais en prison pour avoir fait le mur, il venait me chercher en prétextant que je lui étais indispensable. Ce n'était pas vrai mais cela m'arrangeait bien. Je m'étais perfectionné sous l'uniforme, au point que, revenu à la vie civile, j'ai joué du trombone durant plusieurs années. Avec quelques copains, nous animions les bals du samedi soir dans les villages ainsi que les fêtes votives. J'arrondissais ainsi mon modeste salaire. Sous l'Occupation, j'ai troqué le trombone contre l'accordéon, cet instrument étant moins bruyant.

Je le répète : je n'étais pas militariste. Cependant, le service, je voulais le faire parce que c'était un des jalons incontournables de la vie d'un homme normal. Les temps ont bien changé et, en ma qualité d'élu, j'ai été sollicité des centaines de fois en faveur de jeunes qui souhaitaient être réformés ou affectés tout près de leur domicile. Un jour j'ai reçu la visite d'Aixois m'implorant d'intervenir pour que leur fils soit muté à la base aérienne des Milles. Ils ont beaucoup insisté, avançant de nombreuses raisons qui ne me paraissaient pas déterminantes. Je leur ai demandé où il était à ce moment-là. Ils m'ont répondu : à Orange.

J'ai estimé qu'il y avait des interventions plus urgentes que celle-ci.

Jean Fontenaille

J'ai donc laissé sans regret l'uniforme au garde-mites, non sans m'être acquitté au préalable des quinze jours de rabiot que ma conduite m'avait valus. Je ne me sentais aucune attirance pour la condition militaire. Sans doute parce que, depuis l'âge de douze ans, je menais la vie d'un jeune homme libre. Comme l'a dit Brassens, le clairon qui sonne ne m'a jamais mis en émoi.

Quand je suis rentré au Puy, après cet intermède, les années trente commençaient. Cette décennie devait bouleverser la France et le monde et, évidemment, je ne le savais pas. Le Front populaire, la Drôle de guerre, la Courte guerre, la Débâcle, l'Occupation : tous ces événements allaient remplir ces années pendant lesquelles je devins réellement un adulte. Je les ai traversés sans vraiment y réfléchir et aujourd'hui, à quatre-vingts ans passés, je me rends compte qu'ils ont profondément modifié le cours de ma vie.

J'étais loin de me douter – et à cent lieues d'espérer – en reprenant les leviers de mon rouleau compresseur que je ferais une carrière politique et que je rencontrerais quelques uns des plus importants personnages de mon époque. A plus forte raison, que j'en fréquenterais quelques uns.

J'ai toujours eu d'excellents contacts avec la plupart de ceux que j'ai approchés. Il m'est arrivé de me demander pourquoi. Comme je ne pouvais pas imaginer que l'on recherchait ma compagnie à cause de mon érudition, j'en suis arrivé à penser que je devais avoir quelque chose qui me rendait sympathique : ma façon toute simple de vivre et de parler, celle d'exprimer sans détour mes sentiments ou, peut-être, comme me l'a dit plusieurs fois Gaston Defferre, un certain talent pour captiver l'attention de mes interlocuteurs sur des histoires qui seraient tristement banales si elles étaient narrées par d'autres que moi. J'ai souvent constaté, en effet, que l'on m'écoutait volontiers. Quand je suis passé à « L'oreille en coin » de France-Inter et, plus récemment, sur Europe 1, j'ai dû distribuer quelques milliers de cassettes que l'on me réclamait.

J'en ai forcément tenu compte mais je ne crois pas en avoir abusé. C'est sans doute pour cette raison que l'on a continué à m'écouter.

Je reviendrai, dans un autre chapitre, sur cette décennie fertile aussi, en événements intimes : mon mariage (1935), la naissance de mon fils Robert (1936) et de ma fille Louisette (1938). Ces années trente ont fini, pour moi, comme elles avaient débuté : sous l'uniforme militaire.

Mes piètres états de service n'avaient pas découragé les recruteurs qui m'ont mobilisé, comme beaucoup d'autres, le 20 août 1939, sur appel individuel.

Ils n'avaient certainement pas tenu compte de mes notes puisque je me suis trouvé affecté à l'état-major du front de mer des troupes alpines, à Nice. En principe pour faire la guerre à l'arrière. Loin, en tout cas, de la fameuse ligne Maginot que les Allemands ne devaient pas franchir. Nos chefs nous l'assuraient et ils avaient raison. En vérité, ils ne l'ont pas franchie. Ils ont préféré passer à côté.

Je dois à la vérité de dire que je n'ai pas été d'un très grand secours aux stratèges de l'Armée des Alpes. Lesquels, d'ailleurs, n'avaient pas de véritables raisons d'être inquiets puisque les murs de Nice étaient recouverts d'affiches affirmant que notre armée était là et bien là et que les civils pouvaient dormir tranquilles.

Je me souviens d'une sur laquelle on voyait un soldat, serein, le regard fixé sur la ligne bleue des Vosges, et qui portait ce slogan : Il veille, souscrivez. Le Gouvernement avait ouvert un emprunt pour soutenir l'effort de défense. Pour gagner la guerre, les militaires n'avaient qu'à porter la main au képi et les civils, à la poche.

Je n'ai pas été surpris que nous l'ayons perdue !

Pendant cette peu glorieuse période, j'ai rendu quelques services en étant infirmier. Je n'avais pas de dispositions particulières pour cela mais, à l'Armée, on n'a pas d'a priori.

J'ai commencé comme assistant du dentiste. C'était épouvantable ! Il n'avait pas la patience d'attendre que la piqûre fasse son effet. Aussitôt après avoir posé la seringue, il saisissait la pince. Et comme, évidemment, nous ne disposions pas de fauteuil spécial, j'étais chargé de maintenir les patients afin qu'ils ne partent pas en courant au moment où il leur demandait d'ouvrir la bouche.

Souvent, les extractions s'achevaient à même le sol où les malheureux étaient tombés en se tordant de douleur. J'avais beau serrer tant que je pouvais, ils parvenaient quelquefois à me glisser entre les bras : la souffrance décuplant leurs forces. Parce qu'il faut savoir que les patients avaient tendance à se mettre debout lorsque le dentiste intervenait sur la mâchoire inférieure et à se coucher lorsqu'il s'agissait de la mâchoire d'en haut. Ils avaient ainsi l'impression d'accompagner le mouvement de la pince.

A l'ouverture du « cabinet », il y avait toujours une dizaine de patients qui attendaient leur tour mais nous en traitions rarement plus de deux ou trois. Les autres avaient vidé les lieux avant que le praticien ne les appelle. Ayant vu le visage de ceux qui sortaient et, peut-être, après avoir entendu leurs commentaires, ils avaient pris leurs jambes à leur cou. Leurs maux de dents s'étaient subitement évanouis...

Ensuite, je suis passé au service du médecin généraliste. Celui-là était un phénomène. Quand un soldat venait le consulter, il repartait invariablement avec un tube d'aspirine, qu'il se soit plaint de la tête, de l'abdomen ou des pieds... Il y avait une exception pour ceux qui toussaient : dans ce cas, le toubib prescrivait de la teinture d'iode en onction sur la poitrine et des ventouses à appliquer dans le dos. J'étais chargé des soins et au bout de quelques semaines, il ne devait pas y avoir dans toute l'armée française un meilleur infirmier que moi pour placer les ventouses ou pour badigeonner les torses avec du coton enduit de teinture d'iode.

Ironie du sort, j'ai été démobilisé le 14 juillet 1940, au Luc. C'était le jour de mon vingt-huitième anniversaire. Encore avais-je la chance de ne pas être fait prisonnier, sans quoi, comme ceux du front du nord j'aurais moisi pendant quatre ans dans un stalag de Silésie ou de Prusse.

Ce deuxième épisode militaire fut encore moins glorieux que le premier et je rentrai au Puy avec la seule joie de retrouver ma famille dont j'étais resté séparé durant onze mois.

L'armistice était signé mais la guerre n'était pas finie. Les Allemands n'avaient pas encore occupé le sud de la France, la pénurie, oui. Mon cher rouleau compresseur rouillait sur son parking, faute de routes à construire et de mazout pour l'alimenter. En remplacement, on m'avait donné une pelle et une pioche pour curer les fossés entre le Puy et Puyricard.

C'est en accomplissant cette tâche assez peu exaltante que je fis la rencontre qui devait changer ma vie. Si je n'avais jamais parlé à Jean Fontenaille, ou plutôt si celui-ci ne s'était pas intéressé à moi j'aurais probablement achevé ma carrière comme cantonnier-chef (grade que j'ai tout de même atteint) sans connaître autre chose du département des Bouches-du-Rhône que les chemins vicinaux du cantonnement d'Aix-en-Provence et, avec un peu de chance, les platanes qui bordent la route nationale , que les Marseillais nomment la route des Alpes, entre Peyrolles et Meyrargues.

La première fois que je le vis, je fus impressionné par sa gentillesse. Il était descendu de sa traction avant noire et m'avait demandé :

– C'est vous Philibert ?

– Oui Monsieur.

– Je suis votre ingénieur, Jean Fontenaille.

Il était reparti presque aussi sec pour revenir quelques jours plus tard et, régulièrement, les semaines suivantes. Dans nos conversations, rien ne laissait prévoir que je deviendrais un jour son ami. Rien jusqu'à ce que nous parlions de chasse.

Il y avait deux ou trois mois qu'il passait avec sa belle voiture lorsqu'il me dit :

– Il paraît que vous êtes un bon chasseur.

– Je chasse depuis mon plus jeune âge et c'est vrai, je ne me débrouille pas mal.

– Il m'arrive de recevoir du monde à la maison et, avec le rationnement, ma femme ne sait plus quoi mettre sur la table. Pourriez-vous, à l'occasion, me fournir un ou deux lapins ou perdreaux ?

J'étais habitué à parler sans détour et, cet ingénieur m'étant sympathique, je lui fis une réponse qui aurait pu me faire prendre pour une espèce de Tartarin par tout autre que lui :

– Vous n'avez qu'à me dire combien vous en voulez et vous les aurez !

Jean Fontenaille ne prit pas cela pour une forfanterie. Il me passa une commande pour le dimanche suivant et je l'honorai.

C'était à l'automne 1940. La chasse n'était pas interdite en zone non occupée et le gouvernement de Vichy n'avait pas encore fait procéder à la restitution des fusils. Le gibier était abondant, les lapins pullulaient et ce n'était pas un exploit que d'en ramener de pleines musettes. Quant aux perdreaux, on les tirait le plus souvent à l'agrainée pour faire moins de bruit... et être plus efficace.

Mon ingénieur pouvait donc inviter sans retenue dans son bel appartement du 98, boulevard Gambetta et son épouse n'avait plus de problème pour composer son menu. Le gibier y tenait la meilleure place.

Cela faisait quelques mois que je lui livrais le gibier qu'il souhaitait et chaque fois que nous nous rencontrions sur le bord de la route, lui ayant lâché son volant et moi, ma pelle, nos conversations s'allongeaient. Je ne m'étonnais pas qu'un ingénieur des Travaux publics de l'Etat (ITPE) s'intéresse autant à un simple cantonnier. Je mettais cela sur le compte du gibier que je lui fournissais. A cette époque de nombreuses amitiés se sont créées entre gens de la ville et gens des campagnes, justement parce que les premiers cherchaient des produits de la ferme que les seconds possédaient. Ces amitiés de circonstance n'en étaient pas moins sincères. Surtout du côté des citadins.

Un jour Jean Fontenaille m'annonça qu'il était dans la Résistance et qu'on l'avait chargé de recenser, dans la région, des terrains pour d'éventuels parachutages d'armes. Il devait en dresser une liste et, comme il pensait que je connaissais le coin mieux que lui, il souhaitait que je l'aide.

« J'ai confiance en vous et je crois que vous pouvez m'être d'un grand secours. Il y a mieux à faire que de nettoyer des fossés. Laissez pelle et pioche et venez à Aix avec moi. Réfléchissez, je repasserai dans huit jours. » m'avait-il dit sans élever la voix ni manifester une émotion quelconque.

Pour moi, c'était tout réfléchi. C'était oui ! Je le lui ai dit la semaine suivante, lorsqu'il est revenu dans sa traction avant mais j'aurais pu tout aussi bien lui répondre tout de suite en le regardant dans les yeux.

Il avait confiance en moi ! Moi aussi, j'avais confiance en lui. Il me demandait d'aller à Aix, je l'aurais suivi jusqu'à Londres d'où je sus, par la suite, qu'il recevait ses instructions.

C'est ainsi que je devins son chauffeur, son homme à tout faire, son factotum...

JEAN FRANCHI
Une amitié de 60 ans

J'ai appelé Louis Philibert dès octobre 1941 pour former les premiers groupes du Parti socialiste clandestin avec Félix Gouin, Gaston Defferre et Horace Manicacci. Il est resté à mon côté à Combat puis à l'O.R.A. où il fut mon officier attaché permanent.

J'ai toujours apprécié son courage et son dévouement, surtout après que j'ai échappé à la Gestapo, en novembre 1943.

Notre amitié, qui remonte à 1934 (campagne de Michel Latil aux élections cantonales de Peyrolles), s'est renforcée pendant la guerre et est demeurée intacte soixante années plus tard.

La Résistance

J'avais donc franchi le pas sans vraiment m'en rendre compte. En cette fin de 1940, alors que j'avais vingt-huit ans, je n'imaginais pas ce que pouvait représenter un engagement dans la Résistance. Il n'y avait pas d'Allemands à Aix et, sans le rationnement ni une certaine tristesse ambiante, on n'aurait guère pensé à la défaite de juin. Nous ne prenions pas beaucoup de précautions. Les cartes d'état-major sur lesquelles Jean Fontenaille traçait les futures zones de parachutage étaient largement déployées sur son bureau et, pour ma part, je ne voyais pas toujours très bien à quoi ce travail pourrait servir.

A mon modeste niveau, ce sentiment pouvait se comprendre mais mon patron était pénétré de l'importance de ce qu'il faisait. Il savait que, prochainement, ces repérages seraient capitaux pour les Alliés ainsi que pour les Résistants, étroitement tributaires des parachutages pour leur armement et, quelquefois, leur nourriture.

Alors que je m'initiais progressivement à cette tâche, je fus surpris par les connaissances que Jean Fontenaille et son ami Henri Malacrida avaient sur l'ensemble du pays. Je les entendais souvent préparer une mission dans le Sud-Ouest, dans le Jura ou encore en Auvergne avec un luxe de détails qui me sidérait. Dans des villages dont je n'avais jamais entendu le nom, ils avaient des correspondants sûrs. Ils disposaient de leurs noms et adresses aussi facilement que s'ils consultaient aujourd'hui un fichier informatique. J'ai su bien plus tard qu'il s'agissait de réseaux de francs-maçons, dont l'un et l'autre étaient des personnages éminents.

Jean Fontenaille ne me l'a jamais dit. Je l'ai appris après sa mort.

Le 25 avril 1943, à l'aube, la Gestapo a cerné sa maison, il a été arrêté et conduit dans les tristement célèbres locaux de la rue Paradis à Marseille. Son tortionnaire s'appelait Dunker-Delage, il a été fusillé à la Libération.

Fontenaille n'a jamais parlé. Interné quelque temps à la prison Saint-Pierre, il a suivi la filière fatale qui, passant par Compiègne, aboutissait aux camps de la mort. Pour lui, ce fut Buchenwald.

Pendant qu'il était à Saint-Pierre, son épouse était allée le voir. Alors qu'elle attendait patiemment – et sans grand espoir – dans la cour, elle a vu arriver la traction avant de son mari, que la Gestapo avait confisquée, et de laquelle est descendu Dunker-Delage. Elle s'est précipitée vers lui et l'a supplié. Peut-être eût-il mieux valu que celui-ci restât inflexible mais on ne peut pas changer le destin.

Plus que de lui-même, Jean Fontenaille se souciait du sort de sa famille. Il avait deux enfants, Marcel et Jeanne. Or, quelques jours seulement après l'arrestation du père, le fils avait reçu son billet pour les chantiers de jeunesse. Encore sous l'effet du traumatisme causé par l'irruption de la Gestapo, il n'avait pas cherché à se dérober. Il était parti à Poligny, dans le Jura.

– Pourquoi Philibert ne l'a-t-il pas empêché ? a demandé le prisonnier, en proie à une violente colère.

– Il a dit que, le père étant aux mains des Allemands, c'était bien assez pour la famille.

– Il n'aurait jamais dû. Quand on s'appelle Fontenaille, on prend une mitraillette et on se bat. Dis à Philibert qu'il faut le faire déserter.

C'était un ordre.

Je lui ai fabriqué une fausse carte d'identité au nom de Marcel Falin, demeurant Grand Rue, à Meyrargues et je suis allé le chercher à Poligny. Sur le chemin du retour, je me souviens que nous avons dormi à Grenoble, à l'hôtel du Drac.

C'est ainsi que Marcel Fontenaille, alias Falin, est passé directement des chantiers de jeunesse au maquis. Dans la région, nous l'utilisions peu. Il a été envoyé auprès de Marie-Madeleine Fourcade, une amie du général de Gaulle, qui dirigeait le réseau de renseignements « Alliance ». Un jour, elle l'a envoyé en mission à Lille et il a été pris dans le train qui venait de Paris. Nous n'avons jamais su exactement dans quelles circonstances.

Sans doute serait-il devenu un de ces milliers de disparus anonymes sans la carte d'identité que je lui avais confectionnée. Sa trace a été retrouvée à la fin de la guerre à Forzheim, une petite ville d'Allemagne non loin du Rhin et de Strasbourg. Là, avant de se replier devant les blindés de Leclerc, les Allemands ont assassiné, d'une balle dans la nuque, les vingt-six prisonniers qu'ils détenaient dans cette ville. Parmi eux, Marcel Falin.

Son corps a été identifié grâce à un gendarme de Peyrolles qui se trouvait en occupation et a trouvé dans les archives de la prison une carte d'identité au nom de Falin, de Meyrargues. Il s'est renseigné et, de fil en aiguille, l'information est arrivée jusqu'à moi. Le corps a été formellement reconnu par la médecine légale. Il a pu être ramené à Aix et, du temps de la municipalité de Félix Ciccolini, j'ai obtenu que les noms de Jean et Marcel Fontenaille soient donnés à l'avenue qui est devant le lycée Cézanne.

Après la guerre, Henri Malacrida m'a appelé chez lui pour me parler de son ami : je sais qu'il t'aimait bien mais t'a-t-il jamais dit qu'il était franc-maçon.

Non, il ne m'en avait jamais parlé mais rien qu'à entendre prononcer son nom par celui qui avait été un des premiers à me faire confiance, mes yeux s'emplirent de larmes. Je nous revoyais dans le bureau du boulevard, debout autour des cartes d'état-major, en train de délimiter les zones de parachutage.

– A ton tour, tu ne voudrais pas être des nôtres ? m'a demandé Henri Malacrida.

C'est ainsi, en 1945, que je suis devenu franc-maçon. Sans me poser de question. Sans réfléchir. Tout simplement parce que Jean Fontenaille l'avait été avant moi.

Malacrida avait traversé toutes ces péripéties et avait eu la chance d'en sortir vivant. Après la Libération, tout le désignait pour embrasser la carrière politique. Il était intéressé et fit plusieurs tentatives infructueuses. Comme j'étais plus jeune que lui, il me considérait un peu comme son élève. Je me souviens qu'un jour, en ma présence, parlant de moi à son ami Guy Mollet, il a dit : « Philibert a bien mieux réussi ». C'était en 1962, je venais tout juste d'être élu député.

Je l'ai accompagné jusqu'à la fin de ses jours. Il est mort relativement jeune. Lui aussi, à Aix, a un boulevard qui porte son nom. C'est un hommage mérité à un Résistant authentique.

GÉNÉRAL LÉCUYER
Nous avons mérité de vivre vieux

Nous sommes nés à un jour d'intervalle, en 1912. Nous étions donc faits pour nous rencontrer. C'est en 1943 que nous nous sommes vus pour la première fois. Il était l'adjoint de Jean Franchi et tous deux m'ont demandé des armes et des explosifs. Je les leur ai envoyés, il les ont récupérés (ce qui n'était pas le plus facile) et en ont fait bon usage. A la fin, ils en avaient tellement qu'ils m'ont dit : « Assez, nous sommes bourrés ».

Je crois qu'après ça nous avons bien mérité de vivre vieux.

Les armes tombent du ciel

On a beaucoup parlé, après la Libération, des « Résistants de la dernière heure ». C'est vrai, il y en a eu. Comme il y en a eu aussi qui ont commencé très tôt. On pourrait les appeler « ceux d'avant la première heure ». J'en ai connu qui ont été emprisonnés avant même que les Allemands ne franchissent la ligne de démarcation. Notamment un directeur d'école, mon ami Henri Mauriat, arrêté en 1940 parce que quelques uns de ses élèves avaient été surpris distribuant des tracts jugés subversifs par le gouvernement de Vichy. Il avait été incarcéré pendant trois mois après avoir été jugé par un tribunal. Après la guerre, il fut adjoint au maire et présida le conseil d'arrondissement d'Aix.

Au Puy-Sainte-Réparade, nous nous réunissions dans une ferme qui appartenait au maire de l'époque, Albert Jacquemus. Nous parlions, entre gens du village. Nous cherchions à nous organiser sans trop savoir comment.

Je l'ai dit, lorsque la zone Sud n'était pas encore occupée, nous ne prenions pas beaucoup de précautions mais, également, certains s'interrogeaient sur la nécessité de préparer des terrains pour des parachutages que l'on ne voyait jamais venir. Les armes de guerre faisaient cruellement défaut. Certes, au début, nous n'en avions pas l'usage mais elles nous auraient donné une motivation supplémentaire, à défaut d'une légitimité.

Personnellement, je m'en étais plaint et les responsables m'avaient répondu : patience, ça va venir.

Mon « patron » était un directeur d'école, Jean Franchi. Nous avions le même âge et nous étions amis. Il était commandant de réserve. Un beau jour est arrivé dans son établissement un certain Raybaud, architecte à La Motte d'Aigues. Encore un Résistant de la

31

première heure, qui se faisait appeler Sosthène, et s'était échappé in extremis de son domicile au moment où des miliciens venaient pour l'arrêter. Il était allié au frère de Victor Savine, maire de Gardanne et grand Résistant.

Nous faisions cercle autour de lui pour entendre des nouvelles des Résistants de la rive droite de la Durance. Il nous a parlé des parachutages, se faisant fort de nous faire enfin avoir des mitraillettes dans les plus brefs délais. Comme je me montrais incrédule – et je n'étais pas le seul – il m'a dit : « Si vous avez une équipe pour récupérer les conteneurs, je peux vous mettre en contact avec le responsable de la région R2 ».

C'était un officier instructeur de Saint-Cyr, le capitaine Lécuyer, qui avait pris le nom de « colonel Sapin », patron de l'O.R.A. pour la région R2 (actuellement région Provence-Alpes-Côte d'Azur). Il se cachait au château de Cabannes, sur la commune de Rognes et disposait d'un poste émetteur grâce auquel il était en relation permanente avec Londres. Il nous a confirmé les propos de Sosthène et, à partir de ce jour, les terrains de parachutage que nous avions choisis ont réellement servi à quelque chose.

J'ai compris à ce moment-là qu'à Londres on faisait surtout confiance aux officiers d'active responsables de l'ORA (Organisation de Résistance de l'Armée). C'était normal car il fallait se méfier de tout le monde.

Je crois que notre première livraison s'est faite du côté de Saint-Paul. Le message que nous avions capté sur les ondes de la BBC était « Les grives se mangent sur canapé ». Il avait été délivré une première fois à 19h30 et nous avons attendu la confirmation à 21h, le cœur battant, émus à l'idée que nous allions enfin être dotés de ces armes que nous attendions depuis si longtemps.

Je me souviens encore des messages que nous captions sur des postes nasillards et au milieu des brouillages des Allemands :

« Minuit, place Pigalle », Augereau, rappelle-toi d'Arcole », « Paul aime le sanglier », « Rappelle-toi d'Augustin », « Les pommes sont cuites ».

Nous étions sur le terrain à 23h pour attendre l'avion qui devait arriver, en principe, avant 2h du matin. Parfois, l'attente était vaine. C'est qu'au dernier moment l'appareil n'avait pas pu partir, ou bien avait dû faire demi-tour ou encore avait été abattu. Il s'agissait des aléas de la guerre.

A ce propos, j'ai souvent entendu dire que les Résistants allumaient des feux pour délimiter l'aire de parachutage. C'est faux ! En tout cas pour toutes les missions auxquelles j'ai participé. Nous n'avions pas intérêt à nous faire repérer par les Allemands ou la Milice. Le bruit fait par l'avion volant à basse altitude était déjà suffisant.

Nous utilisions des lampes électriques : trois blanches et une rouge. Dès qu'il les avait aperçues, le pilote de l'avion envoyait un signal en morse. En général une seule lettre. Nous répondions par la même lettre, toujours en morse. Après cette identification, le quadrimoteur Halifax revenait au-dessus des trois lampes blanches et larguait sur la rouge. Bien sûr, nous tenions compte du vent.

En moyenne, à chaque largage, nous recevions dix-huit conteneurs de deux quintaux chacun. Cela faisait entre trois et quatre tonnes d'armes et de munitions avec, quelquefois, des médicaments de premiers secours. Nous cachions tout cet arsenal dans des remises ou de vieilles cuves à vin. Nous ne l'avons réellement sorti qu'après le débarquement du 6 juin 1944 en Normandie, dans l'attente de celui du 15 août sur les côtes de Provence. C'est la preuve que notre impatience n'était pas totalement justifiée mais il valait mieux tenir qu'espérer.

Grâce au colonel Sapin et à l'organisation qu'avaient mise sur pied Jean Fontenaille et Jean Franchi, je pense que notre groupe fut l'un des premiers pourvoyeurs d'armes de la Résistance dans la région d'Aix. Quarante années plus tard, André Claverie, un ancien camarade de Charles Tillon, le chef des FTP, l'a reconnu en ma présence devant des lycéens d'Istres qui nous interrogeaient sur cette période de notre histoire. Il a dit que j'avais joué un rôle dans l'armement des réseaux de Provence. C'est vrai mais je n'étais pas seul. L'Histoire le dira.

Un autre témoignage le confirme : celui de Pierre Vidal publié dans l'ouvrage de Jacques Peuvergne, inspecteur des mines de Valdonne, « Leï loups roudaïres » (« Les loups rodeurs ») qui retrace les faits d'armes de la Résistance dans le bassin minier de Gardanne. A la page 25 de ce livre, qui m'a été offert par M. Pélissier, conseiller général et maire de La Bouilladisse, Pierre Vidal écrit : « Notre armement provenait en majeure partie des stocks que le groupe de Trets consentait à partager avec celui de Gardanne et des parachutages sur les rives de la Durance, obtenus par les camarades de l'ORA (Organisation de Résistance de l'Armée) commandés par Jean Franchi, qui accepta lui aussi de partager ces richesses. »

Ce qui est sûr aussi, c'est qu'au Puy, comme dans tous les autres villages, nous attendions le jour J en scrutant le ciel.

Un jour, au-dessus de nos têtes, nous avons vu un combat entre une escadrille de Forteresses volantes et les Messerschmidt 109 allemands. Un chasseur est tombé et s'est écrasé au sol puis nous avons vu huit corolles blanches qui descendaient doucement tandis qu'une « Forteresse » piquait vers la Durance, à l'endroit où se trouve aujourd'hui l'usine hydroélectrique de Jouques. Le neuvième occupant, le pilote, avait juste eu le temps de sauter à son tour avant que le B-17 ne s'écrase rive droite, près de la ferme du Logis d'Anne. Il s'est bien reçu, a défait son parachute et a traversé la rivière un peu à pied, un peu en nageant, pour revenir dans les Bouches-du-Rhône où il croyait que s'étaient posés, avant lui, ses équipiers. Peut-être aussi avait-il pensé que les Allemands le rechercheraient du côté où son avion s'était écrasé.

Il est arrivé à la ferme occupée par la famille Julien. Une famille dont on ne dira jamais assez ce que la Résistance lui doit. La ferme était sur le territoire de Jouques, au bord de la route qui mène au pont de Mirabeau. Bien plus tard on y a apposé une plaque commémorative. Je n'ai pas eu besoin d'écrire mon discours. La cérémonie me rappelait tant de souvenirs que j'ai parlé longtemps – trop longtemps peut-être – sans m'en rendre compte. Simplement en racontant ce que j'avais vécu ici avec Jean Franchi.

Les Julien étaient venus me dire que le pilote américain était chez eux. C'était un gaillard qui mesurait près de deux mètres. Ils lui avaient donné un pantalon qui lui couvrait à peine les genoux parce qu'ils n'en avaient pas d'autre. La présence de cet homme tombé du ciel et qui parlait une langue que personne ne comprenait avait quelque chose de pathétique.

Je suis allé le chercher et je l'ai amené chez moi. On l'a mis dans une pièce que nous appelions pompeusement « le salon » et qui n'était guère plus qu'une annexe de la cuisine. Ma femme lui a donné une bouteille de vin muscat pour le réconforter. Cela n'avait rien à voir avec le Bourbon mais l'Américain a dû le trouver à son goût. Il a fait cul sec pendant que je m'affairais à lui trouver une cache hors du village et, quand je suis revenu pour l'amener chez mon ami Imbert, je l'ai trouvé complètement « empégué » comme on dit chez nous.

Il devait se rendre compte de son état car, à ma vue, il s'est levé un peu trop vite, s'est pris les pieds dans je ne sais quoi et est parti en avant tel un bélier, la tête la première, comme s'il voulait défoncer mon pauvre buffet qu'il avait assurément trop vu à force de le regarder à travers la bouteille de muscat.

Sans le vouloir, il avait aussi cassé la chaise que j'ai toujours conservée, comme s'il s'agissait d'une pièce de musée, non sans l'avoir réparée tant bien que mal avec deux plaques de métal.

Le lendemain, j'appris que les huit autres aviateurs étaient sains et saufs à Villelaure au domicile de l'adjoint au maire, qui se nommait Deleuil. Celui-ci, bien entendu, ne pouvait pas les garder tous et, me connaissant, il m'avait demandé de venir en prendre livraison.

Comme il n'était pas question de passer par le pont, nous avons traversé la Durance à la manière d'une couvée de canards, eux derrière et moi devant pour leur montrer le passage. Le commandant de bord parlait français, ce qui a grandement facilité la suite des opérations. Les neuf membres de l'équipage reconstitué ont été hébergés provisoirement par l'entremise de M. Hostache, le père du député que je devais affronter aux législatives de 1962. M. Hostache avait une villa au quartier Le Pied du Puy. Il m'en a donné la clé. Nous y avons installé nos Américains pendant environ un mois. Thomas, un ouvrier agricole espagnol, leur faisait la tambouille et Yvon Diouloufet, dit Taco, le coiffeur, venait les raser.

Ils avaient touché le sol français le 2 juillet 1944 et ils sont repartis le 3 août dans trois petits avions venus de la base de Foggia en Italie du sud et qui s'étaient posés sur le terrain d'Apt, dans le Vaucluse.

Longtemps après j'ai été invité aux Etats-Unis pour y recevoir une décoration relative à ces événements. J'ai accepté la décoration mais j'ai décliné l'invitation. Je ne comprends pas un seul mot d'anglais et je trouvais ridicule de me faire promener dans un pays où je n'entendrais rien de ce que l'on me dirait et où je serais incapable de m'exprimer. Je n'ai jamais connu que deux langues : le français et le provençal.

Finalement, la décoration m'a été remise le 4 juillet 1970, jour anniversaire de l'indépendance des Etats-Unis, sur un navire de l'escadre de la Méditerranée, ancré en rade de Cannes.

Je ne me suis pas éternisé sur le bateau. J'ai reçu ma médaille de commandeur à midi. A 17h, j'étais à Lambesc, au mariage de la fille de mon ami Gilbert Pauriol, maire et conseiller général.

DÉCORATIONS

- *Officier de la Légion d'Honneur*
  le 01.01.1987 (J.O. du 01.01.1987)

- *Chevalier de la Légion d'Honneur*
  au titre de laRésistance, le 31.07.1953 (J.O. du 01.08.1953)

- *Croix de Guerre 1939/1945*
  remise par le Général commandant la 15ᵉ Région, le 19.05.1945

- *Médaille de la Résistance Française*
  décret du 24.04.1946 (J.O. du 17.05.1946)

- *Chevalier du Mérite Social*
  (promotion 1959)

- *Croix du Combattant (Europe)*

- *Croix d'Or de Commandeur de l'Ordre du Mérite Brabançon (Belgique)*
  le 03.10.1969

- *Commandeur des Vétérans de Guerres Etrangères des Etats-Unis*
  le 04.07.1970

La guerre de l'ombre

Je n'aime pas trop parler de ces années où nous combattions dans l'ombre. Les destins s'y croisaient trop vite. On n'avait pas le temps de se connaître que, déjà, il fallait se séparer. Si, tout de suite après la Libération, nous étions quelquefois trop nombreux, en 1943-1944 il nous est arrivé souvent de nous compter sur les doigts de la main.

Par exemple, les nuits de parachutage le personnel a souvent fait défaut. Il fallait être une douzaine pour opérer dans de bonnes conditions et lorsqu'il y avait deux parachutages durant la même nuit. Heureusement, les trois institutrices du Puy, Mme Paccul et Mlles Taupenot et Chabot, étaient toujours volontaires. Elles travaillaient autant que les hommes et elles n'avaient pas peur. Et puis il y avait mon ami Raoul Guigues, un cantonnier comme moi.

Ce n'était pas toujours la routine et nous avons plusieurs fois côtoyé la mort, qui prenait ainsi au hasard. J'ai eu de la chance, elle n'a pas voulu de moi.

Un jour, tout de même, elle m'a regardé dans les yeux. Avec le commandant Franchi nous allions livrer des mitraillettes à Victor Savine, à Gardanne. Les armes n'étaient même pas dans la malle. Elles étaient disposées à l'arrière de la « traction », entre les sièges, simplement recouvertes d'une couverture négligemment jetée. Nous roulions sur la Nationale 7 lorsqu'à Palette nous sommes tombés sur un barrage de G.M.R. Les Groupes Mobiles de Réserve étaient l'équivalent des CRS d'aujourd'hui.

Impossible de faire demi-tour comme de passer au travers. Ils avaient installé une chicane avec une herse. Nous étions pris au piège et je dois à la vérité dire que nous n'étions pas optimistes quant à nos chances d'en sortir.

Les faux papiers que nous possédions indiquaient que nous étions exploitants forestiers et nous étions censés nous rendre sur une coupe près de Gardanne. Le problème était qu'à la place de scies nous transportions des mitraillettes et qu'il était facile aux Mobiles de les découvrir.

La traction à peine stoppée, un officier s'est avancé. C'était un capitaine qui arborait fièrement ses trois galons. Il a examiné nos papiers puis, avisant la protubérance que formait notre cargaison sous la couverture, il nous a demandé ce que nous transportions...

Nous avions beau ne pas prendre toutes les précautions nécessaires, nous savions cependant que nous jouions à la vie à la mort et nous en avions d'avance mesuré les risques et tiré les conséquences. Assis à la place du passager avant, j'ai saisi une grenade Gammont qui était en permanence sous le siège et l'ai mise sous le nez du capitaine en lui précisant que s'il ne nous laissait pas passer sans histoire nous allions tous mourir ensemble en cet instant.

Ces grenades avaient un effet de souffle dévastateur. Il était pratiquement impossible d'échapper à l'explosion lorsqu'on se trouvait dans un rayon de cinq ou six mètres, contrairement aux grenades à fragmentation dont on pouvait, éventuellement, passer entre les éclats. Le commandant Franchi et moi étions déterminés. Le capitaine, probablement beaucoup moins.

Tout s'est passé en quelques secondes. Il nous a dit : « Je suis le capitaine Amblard et j'ai les mêmes idées que vous. Venez me voir à Aix, à la caserne Forbin, nous parlerons. » Et il a fait retirer la herse.

Franchi a mis la première et nous sommes passés en nous demandant un moment si le capitaine n'allait pas faire ouvrir le feu une fois que nous nous serions éloignés d'une vingtaine de mètres. En fait, il ne s'est rien produit sauf que j'ai vu le visage de mon chef devenir soudain livide. Je ne devais pas être très brillant non plus car le premier mot de Savine, à l'arrivée à Gardanne, fut de s'enquérir de notre état de santé. Nous étions tous deux blancs comme des cachets d'aspirine.

J'ai revu la capitaine Amblard à Aix, dans sa caserne. Il ne pouvait pas s'engager à visage découvert avec nous. En revanche, il nous a mis en relation avec trois de ses G.M.R. L'un se nommait Deleuil, un autre Fedel et le dernier, André. Ils se sont mouillés pour la Résistance, nous apportant des renseignements précieux sur les mouvements du G.M.R. avant que leur unité ne soit déplacée à Echirolles, près de Grenoble.

Je ne les aurais sans doute jamais revus si, un beau jour, une mission interalliée n'avait été parachutée dans la région. Elle était composée de trois commandants : un Français, Michel, un Anglais, Edgar et un Américain, Lucas. Ils étaient accompagnés de deux lieutenants-instructeurs du maquis, Robert et Victor. Bien sûr, c'étaient leurs noms de guerre. La mission cherchait des hommes connaissant bien la région et les armes.

J'aurais pu être un de ceux-là mais Franchi ne voulait pas se séparer de moi. C'est alors que nous avons pensé aux trois G.M.R. qui nous avaient dit avant de partir dans l'Isère qu'ils étaient prêts à se ranger à nos côtés, mais il fallait les faire déserter. Ce travail délicat m'a été confié sur le champ et je suis parti à Echirolles.

Ils se sont laissé convaincre très facilement après que je leur ai dit que la mission interalliée subviendrait aux besoins de leurs familles. La seule difficulté que j'ai rencontrée – cela me gêne un peu de le dire – est qu'il m'a fallu « emprunter » une voiture à Grenoble pour nous ramener tous les quatre à Aix. Evidemment, c'était une traction avant.

C'est ainsi que les G.M.R. Deleuil, Fedel et André sont entrés dans la Résistance. Les deux premiers ont eu une fin tragique. Deleuil, pris par les Allemands peu avant la Libération a été placé devant un peloton d'exécution. Par miracle, il a survécu ... mais est mort d'un cancer. Fedel a sauté sur une mine en Algérie.

Seul André est encore en vie. Il jouit d'une paisible retraite à Figanières, un village proche de Draguignan. Après la guerre, il a été secrétaire général de la Fédération des chasseurs des Bouches-du-Rhône. Il avait été embauché par le président Perreaudin, cet officier de marine qui a joué un rôle important dans la Résistance provençale après avoir sabordé son chasseur de sous-marin en rade de Toulon, le 27 novembre 1942.

La mission interalliée a été également décimée. Michel, Victor et le commandant Lucas ont été fusillés à Signes après avoir été arrêtés place Castellane à Marseille ; Edgar a été tué au maquis. Seul Robert est passé au travers mais a trouvé la mort en Indochine.

En 1944, il y avait des mois que le cantonnier Philibert n'avait plus manié une pelle ni un balai. Fontenaille, mon patron, me couvrait et je gagnais mon salaire en me rendant utile pour d'autres tâches. Je vivais un peu comme l'oiseau sur la branche, tantôt en mission par-ci par-là, tantôt passant la nuit à la belle étoile ou bien caché dans quelque remise à foin. Je ne pensais à rien d'autre qu'à remplir les missions que l'on me confiait. Elles n'étaient pas toutes dangereuses ni exaltantes.

Nous faisions souvent sauter des ponts et, pour cela, il fallait des explosifs. Une fois, je suis allé à Pertuis pour prendre livraison de pains de plastic au dépôt SNCF (c'était encore le PLM). J'étais à vélo et assez lourdement chargé. Pas question d'utiliser le pont, qui était coupé.

Je me trouvais au milieu du lit de la Durance quand des balles venant de la rive gauche ont commencé à siffler. J'étais repéré et on me tirait dessus. Alors, j'ai lâché le plastic et fait demi-tour pour aller me réfugier chez mon cousin Raoul Perrin à Pertuis. Là j'ai attendu la nuit et, après avoir pris une seconde livraison d'explosifs, je suis remonté vers Villelaure pour tenter de traverser la rivière un peu plus haut. Cette fois, j'ai réussi sans problème avec l'aide d'un Espagnol que j'avais rencontré au café. Il m'avait accompagné jusqu'au bord de l'eau et il avait attendu que je sois de l'autre côté. Il se nommais Vincent.

Arrivé au Puy, j'ai emprunté une bicyclette et je suis allé faire sauter un pont sur la RD 561. Ce fut un beau feu d'artifice. L'explosion s'est produite alors que j'étais déjà revenu au Puy Sainte-Réparade. Ma maison était à environ trois kilomètres du pont mais j'ai entendu un beau vacarme. J'avais mis la dose : tous les explosifs que j'avais ramenés de Pertuis y étaient passés. C'était dans la nuit du 16 août 1944.

J'ai reçu la Croix de guerre pour cela. La citation était un peu trop élogieuse. Elle disait « a traversé la Durance à la nage au péril de sa vie sous le feu de l'ennemi ».

En vérité, comme je l'ai dit, j'avais fait prudemment demi-tour lorsqu'on me tirait dessus et recommencé la manœuvre plus tard, lorsqu'il n'y avait plus d'Allemands dans les parages. Néanmoins, c'est vrai, il fallait le faire.

Ce qui était important, c'était la chance. J'aurais pu affronter dix fois moins de situations dangereuses et, au bout du compte, être blessé, tué ou capturé. J'ai vu plusieurs fois des camarades mourir autour de moi et je suis toujours passé au travers.

Chose extraordinaire, une chambre de ma maison avait été réquisitionnée pour loger un officier allemand, cela ne m'empêchait pas de sortir très souvent le soir pour assister les parachutages. En vérité, les soldats ne cherchaient pas trop à comprendre : ils obéissaient aux ordres, un point c'est tout. Ce n'était pas le cas de la Gestapo ni de la Milice.

Le 10 juin 1944, le maquis de Jouques, qui était sous les ordres de Jean Perreaudin, a été attaqué. Il y a eu quinze morts, je les connaissais tous. Toutes les familles de Jouques étaient touchées. Depuis 1945, à chaque anniversaire, jamais je n'ai manqué un rendez-vous du souvenir.

Le lendemain, 11 juin, averti par le docteur Jolin qu'un groupe s'était réfugié dans la ferme de Puits Durance, à Peyrolles, je m'y suis rendu avec mon ami Raymond Imbert. Jean Perreaudin était là. Je me souviens que Lazzarin, dit Croton, tenait un fusil mitrailleur Brent. Tous possédaient des armes mais ils avaient épuisé leurs munitions. Nous les avons transportés, en empruntant les chemins du bord de Durance, jusqu'à San Peyre, chez les Olivier. Ces fermiers nous ont très bien reçus. Ils ont tué un mouton puis ont ouvert la porte de la grange pour que les Résistants, harassés, puissent dormir dans la paille après s'être enfin rassasiés.

Le 12, c'était au tour du maquis de Ste-Anne. Ce fut un véritable massacre. Deux cent soixante-douze noms, y compris ceux de Jouques, sont inscrits sur le monument aux morts de Lambesc. L'armée allemande disposait d'armes lourdes, notamment de canons de 88 mm autrichiens et l'aviation incendiait les collines en lâchant des bombes au phosphore. Beaucoup de jeunes ont eu peur et ont cherché à se réfugier chez des parents ou des amis. En effet, pour rejoindre La Roque ou Charleval, il fallait obligatoirement traverser le canal de Marseille dont chaque pont était gardé. C'est là que la plupart se sont fait cueillir.

Certains ont eu de la chance. D'autres pas !

Parmi ceux qui s'en sont plutôt bien tirés, il y a eu Edouard Chorda. C'est l'oncle de l'international de football. A l'époque, il avait dix-huit ans et il avait décidé d'aller se cacher, à La Roque, chez sa fiancée qui devait devenir son épouse. Il avait jeté ses armes et c'était mains dans les poches qu'il se présentait à un de ces fameux ponts du canal. Les Allemands lui ont tiré dessus et une balle lui a fracassé un bras. Il est tombé et un soldat s'est avancé vers lui mais ne l'a pas achevé comme cela arrivait quelquefois. Chorda a été conduit à l'hôpital d'Aix, salle des consignés.

Le soir même, le commandement allemand a ordonné de fusiller tous les prisonniers. Chorda a échappé au massacre. Cependant nous avions peur pour lui. Nous craignions qu'une fois remis sur pied il ne subisse le même sort que ses malheureux collègues. Alors, avec la complicité du médecin-chef de l'hôpital, nous l'avons enlevé à la barbe de ses gardiens.

C'est ainsi qu'il a vu la Libération. Après la guerre, il a trouvé un emploi de cantonnier. Il s'est marié, il a eu une fille dont il a voulu que je sois le parrain. Aujourd'hui, il est retiré à la Roque.

Un autre qui a eu de la chance, c'est Francis Giraud, de Saint-Cannat. Une balle lui avait traversé l'abdomen. Il avait une vilaine blessure aux intestins et le docteur Daniel l'avait emmené à la clinique La Renaissance, à Aix. Nous les suivions avec Jean Perreaudin. Le chirurgien ne voulait pas l'opérer parce qu'un de ses collègues, le docteur Donnier, avait été condamné à 6 mois de prison pour avoir opéré le général Chevance-Bertin sans l'avoir déclaré aux Allemands. Il reconnaissait que cela lui posait un cas de conscience car ce jeune homme allait mourir mais il affirmait que sa décision était irrévocable.

Irrévocable jusqu'à ce que Perreaudin sorte son revolver et le lui mette sous le nez en disant : « Si tu ne l'opères pas tout de suite, il va probablement mourir de sa blessure mais toi tu seras mort avant lui. »

Perreaudin ne plaisantait pas et le chirurgien l'a très bien compris. Il a immédiatement adopté une position beaucoup plus souple. C'est ainsi que Francis Giraud a eu la vie sauve.

Sitôt opéré, nous l'avons transporté avec d'infinies précautions jusqu'au Puy-Sainte-Réparade à la ferme de Baret, chez Hermitte. Là, quatre femmes, Mmes Vernet et Chappuis et Mlles Taupenot et Chabot, se sont relayées à son chevet durant le temps de sa convalescence.

Cinquante ans après, il est toujours en vie. Je lui ai téléphoné pour l'aviser que je souhaitais inclure cette anecdote dans mes « souvenirs ». Il m'en a donné l'autorisation.

Le ravitaillement posait de gros problèmes. Un jour j'ai demandé à Mainguy, le patron de Barbier-Dauphin, de nous procurer du sucre pour le Maquis. L'usine travaillait sous le contrôle des Allemands et, la nuit, elle était surveillée par un gardien armé.

Mainguy, tout en étant d'accord, ne m'a pas caché que ce serait difficile. Il voulait bien nous montrer comment entrer dans l'usine et faire main basse sur le sucre mais il ne pouvait pas nous aider davantage, sauf à se faire repérer et arrêter. Il nous a indiqué le fonctionnement du monte-charge qui pouvait accepter jusqu'à cinq sacs de cent kilos et puis à nous de jouer.

Quelques jours plus tard, nous sommes revenus avec Martin-Brèt, de Manosque, et une camionnette, simulant une panne juste devant l'entrée de la fabrique. Nous parlions fort pour attirer l'attention du gardien qui, effectivement, s'est approché pour voir ce qui se passait. Quoiqu'armé, il n'était pas trop méfiant. C'était un Lorrain. Je ne sais pas s'il était collaborateur ou non. Nous lui avons demandé un outil et quand il nous l'a apporté nous l'avons maîtrisé et ligoté solidement le temps de transporter, en plusieurs voyages, cinq tonnes de sucre et une de confiture.

Pour nous, c'était le hold-up de l'année. Nous en avons caché le produit à Valferre, une ferme située entre Saint-Estève et Rognes, avec l'accord du propriétaire, M. Jean Vidal.

Le maquis avait suffisamment de sucre pour attendre la fin de la guerre mais nous avons appris plus tard que ce n'étaient pas six tonnes de marchandises que nous avions emportées de chez Barbier-Dauphin mais au moins dix ! Au moment de faire l'inventaire du vol, le personnel avait dû « sucrer » aussi l'addition.

C'était autant de pris sur l'ennemi !

Il fallait aussi du tabac pour le maquis. C'était une denrée rare sous l'Occupation.

Nous nous étions mis d'accord avec M. et Mme Brouquier, buralistes à Peyrolles. Nous leur étions fort sympathiques parce que leur fils était engagé comme aviateur dans les Forces Françaises Libres.

Le scénario était des plus simples. Après une livraison de la Régie nous faisions irruption dans la boutique pour faire main basse sur des paquets de Gauloises et de « Gris » que Mme Brouquier avait préalablement mis de côté afin que nous n'emportions pas n'importe quoi. Nous réglions rapidement la note avant que la buraliste ne sorte en courant de son magasin pour parcourir les quelques dizaines de mètres qui le séparaient du cercle des Philistins où son mari, Benjamin jouait tranquillement à la belote. C'était une excellente comédienne : elle entrait tout excitée dans l'estaminet en s'écriant : « On nous a encore volé le tabac. »

Personne n'était perdant dans cette affaire car la Régie remplaçait la marchandise volée à condition que le débitant paie de nouveau la facture. Les fumeurs de Peyrolles n'étaient pas lésés puisque leurs rations leur étaient servies avec seulement un peu de retard.

Nous avons employé ce procédé à trois reprises, je crois. Ensuite, nous avons arrêté de peur que la répétition des vols ne finisse par attirer l'attention des responsables du rationnement. Bien sûr, à chaque fois il y eut des enquêtes mais elles n'aboutirent jamais. Mme Brouquier s'y entendait pour brouiller les pistes. Lorsque nous repartions vers le Puy, elle disait que c'était vers Manosque et quand nous venions en Citroën, elle affirmait que c'était en Renault.

Ces petits hold-up m'amènent à parler du rôle qu'ont tenu les gens du « mitan » pendant cette période agitée. Dans l'ensemble, ils avaient pris le parti du plus fort, c'est-à-dire de l'Allemand. Quitte à lui faire, à lui aussi, quelques entourloupettes. Je pense à Spirito et aux frères Carbone. Quelques uns cependant, notamment parmi les jeunes, ont joué la carte de la Résistance. C'est ainsi qu'avec le commandant Franchi nous avons eu des contacts privilégiés avec les frères Renucci, Jo et Noël qui ont participé à la Résistance.

Juste après la Libération nous avions déjeuné à Aix avant de monter à Paris en « 15-Six » avec le commandant Franchi. Pendant que nous étions à table on nous avait volé dans le coffre un manteau d'astrakan ainsi qu'un dossier destiné à obtenir le statut de veuve de guerre à Mme Fontenaille. Nous n'avons pas porté plainte à Aix mais arrivés à Paris j'ai eu l'idée de téléphoner à Jo Renucci qui fréquentait le bar « Les Calanques », rue Quentin-Bauchard. Je lui ai dit : tant pis pour le manteau mais j'aimerais bien récupérer les papiers que j'ai eu beaucoup de mal à rassembler.

Trois jours après, Jo m'a rappelé pour me demander où il devait me faire apporter les papiers et le manteau qu'il avait récupérés en un temps record. En l'occurrence, il avait été plus efficace qu'un commissaire de police !

Libérés

Pendant l'Occupation et cette période non moins agitée que fut la Libération, j'ai rencontré quelques personnages extraordinaires. Je ne peux pas les citer tous car quelques uns sont encore en vie et je ne sais pas s'ils apprécieraient toujours mon témoignage.

Un jour, un officier d'active, capitaine de méharistes, nous est tombé du ciel, au bout d'un parachute. Tous ceux qui ont eu à faire avec la Résistance ont entendu parler de Chevance-Bertin. Bertin était son patronyme et Chevance, son nom de guerre. A moins que ce ne soit l'inverse... Je l'ai très bien connu et, pourtant, je suis incapable de le dire avec certitude aujourd'hui.

Franchi l'avait hébergé au château de la Garde dans la famille de Marius Bon où il s'occupait de notre instruction. Ce n'était pas un tendre. Je me souviens qu'il nous avait dit : « Personne ne vous oblige à faire ce que vous faites mais il faut que vous sachiez qu'on peut vous demander de voler ou de tuer et que vous devrez exécuter ces ordres sans hésiter. » Pour ce véritable officier, il ne pouvait y avoir d'autre discipline que la discipline militaire.

Il se trouvait à Marseille, dans un immeuble du centre-ville, lorsque des policiers de Vichy sont venus pour l'arrêter. Pendant que l'un d'eux fouillait l'appartement, l'autre procédait à un premier interrogatoire sommaire. Le méhariste, qui était un sacré gaillard, a saisi le bureau qui se trouvait dans la pièce et l'a jeté sur le policier avant de sauter par la fenêtre du premier étage, se fracturant une jambe. Seul sur le trottoir et assez mal en point, il a eu de la chance de voir passer une « hirondelle » (on appelait ainsi, à l'époque, les îlotiers qui faisaient leurs rondes à bicyclette) : « Sauvez-moi, lui dit-il, la Milice me poursuit. »

Ce flic marseillais, dont l'histoire aurait dû retenir le nom, l'a chargé sur son vélo transformé en VSAB (véhicule de secours aux blessés) et l'a déposé à la clinique Bouchard, rue du docteur Escat. Il y est resté peu de temps car, dès que Franchi l'a su, il l'a fait prendre par un taxi pour le transférer à Aix, dans une autre clinique, aujourd'hui disparue et dont il connaissait le patron, le docteur Donnier. Celui-ci a réduit la fracture pendant qu'Henry Ely, le célèbre photographe aixois, lui tirait rapidement le portrait pour les faux papiers que nous lui avons confectionnés aussitôt.

Le plâtre était à peine sec, le lendemain matin, lorsque Martin Brèt, qui devait être fusillé à Signes, a emmené le blessé dans une camionnette, qui appartenait aux silos de Manosque, chez un agriculteur de la région de Laragne nommé Lieutier. Sa ferme était située sur la commune de Mison.

Pendant six mois, une fois par semaine, j'assurai la liaison avec Chevance-Bertin. Il se remettait lentement de sa fracture au bon air des Hautes-Alpes et au parfum du fromage de chèvre. Malheureusement, sa convalescence fut contrariée par des fièvres de Malte. Sa robuste constitution lui permit de surmonter cette nouvelle épreuve et il était en pleine forme lorsqu'il quitta sa résidence après sa nomination au Conseil national de la Résistance (CNR).

Hélas, les Allemands ayant appris, peu de temps après son départ, qu'il avait été hébergé dans cette ferme firent irruption un beau matin et fusillèrent Albert Lieutier à Ribiers, au lieu-dit La Marquise. C'était le 9 juin 1944.

L'officier méhariste, lui, a fait son chemin. Je l'ai revu une première fois au début des années soixante lorsque le général de Gaulle, alors président de la République est venu à Marseille. J'avais été présenté à lui à la Préfecture en ma qualité de président de la Commission départementale. Le général m'a touché la main comme à tous les autres et quand il m'a eu dépassé un de ceux qui le suivaient, un général bardé de décorations, m'a sauté au cou et m'a dit « Louis, on s'embrasse ». Surpris, je ne l'ai reconnu qu'après deux ou trois secondes. Je m'attendais si peu à le voir ici... surtout en uniforme de général.

Nous avons échangé quelques mots et il m'a appris qu'il avait été, notamment, conseiller militaire de Bao Dai et qu'il avait fondé un journal, « Climats ».

C'était assurément un personnage hors du commun. Bien plus tard, lorsqu'on m'a remis la rosette de la Légion d'honneur j'ai raconté cet épisode et j'ai appris par l'entremise du sénateur Caillavet, qu'il élevait des bœufs au Sénégal ! Cette information, surprenante, m'était restée gravée en mémoire. Conduisant une délégation du Conseil général à Dakar, en 1988, j'ai appelé le mess des officiers pour avoir de ses nouvelles. Je l'ai eu directement au téléphone et l'ai invité à déjeuner avec nous. Il est venu et j'étais fier de pouvoir dire à mes collègues : « Vous voyez, ce Chevance-Bertin dont je vous parlais, eh bien, il est devant vous ».

Pour les Résistants, la période la plus longue, sinon la plus pénible fut celle qui s'étala du 6 juin au 15 août 1944. Entre le débarquement en Normandie et celui sur la côte varoise, nous restâmes dans une poignante incertitude.

Les sanglots longs des violons de l'automne... Ce vers de Verlaine annonçait le jour J à la radio de Londres mais nous ne savions pas, nous ici, que nous devrions attendre encore plus de deux mois nos libérateurs. Nous avons pris le maquis un peu prématurément dès le 6 juin. Nous ne disposions ni de l'organisation ni des armes pour soutenir un combat avec l'armée allemande, néanmoins les coups que nous lui avons portés, même s'ils nous ont coûté très cher, ont certainement contribué à la démoraliser encore plus. Et, après le 15 août, notre présence dans son dos a facilité la progression des troupes alliées venant de Saint-Raphaël et Sainte-Maxime.

Le débarquement sur la Côte d'Azur avait déclenché un vent de panique chez les Allemands qui ne savaient plus où donner de la tête. Les transports, notamment, étaient fortement perturbés. Et, par conséquent, les approvisionnements devenaient difficiles. Ici, au Puy, il y avait un magasin de coopérateurs qui n'avait plus rien à vendre. Il existait bien une possibilité à Cavaillon mais personne ne voulait faire le déplacement car les routes n'étaient pas sûres. On risquait de se faire mitrailler à chaque tournant aussi bien par les Allemands que par les avions alliés qui surveillaient du ciel tous les déplacements.

J'ai été chargé de cette opération de ravitaillement et pour la mener à bien il me fallait absolument une camionnette. J'en connaissais une à Meyrargues. Elle appartenait à M. Gandini. Je suis allé le voir pour lui demander de me la prêter.

Il m'a dit : Ma camionnette je ne la prête pas !

Il me la fallait et j'étais fermement décidé à l'obtenir coûte que coûte.

– Tu vas me la prêter !

– Et pourquoi ?

– Parce que moi j'ai un révolver et que toi tu n'en as pas !

Il a donc consenti, à contre-cœur mais en posant tout de même une condition : que j'emmène avec moi une dame et ses deux gosses. Je crois que c'était une de ses parentes.

Je reviens donc au Puy avec la camionnette et mes trois passagers pour prendre la route de Cavaillon. Deux amis de Charleval me précédaient en motocyclette : Louis Charmet et Roger Bonnet. Ils roulaient plus vite que moi et ont pris rapidement un bon kilomètre d'avance jusqu'à ce qu'ils tombent sur un groupe d'Allemands qui gardaient le carrefour de la route de Cadenet, juste avant le bassin de Saint-Christophe. Ils ne se sentaient pas à l'aise parce qu'ils avaient des armes avec eux. Alors, ils ont abandonné la moto en catastrophe et sont partis en courant dans la colline. Les Allemands, qui étaient environ soixante-dix, les ont rattrapés et abattus.

Tout cela n'a pas duré plus de deux minutes et lorsque je suis arrivé avec ma camionnette et mes trois passagers tout était terminé. Bien sûr, tous les soldats étaient au bord de la route et ils m'ont fait stopper pour me demander où j'allais ?

J'ai répondu que me rendais dans le Vaucluse où j'avais de la famille. Que j'avais entendu parler du débarquement du 15 août et que je craignais pour la sécurité des miens. Je me suis dit, à ce moment précis, que si Gandini ne m'avait pas confié cette femme et ses deux enfants j'aurais éprouvé les pires difficultés à me sortir de ce mauvais pas. Je n'avais pas intérêt à perdre mon sang froid !

Les Allemands m'ont néanmoins fait descendre pour me montrer les corps de Charmet et de Bonnet qui gisaient tout ensanglantés, à une trentaine de mètres de la route.

– Et ceux-là, vous les connaissez ?

– Non, je ne les ai jamais vus.

Pendant qu'ils m'interrogeaient, une voiture est arrivée à vive allure. Le conducteur a freiné à mort dès qu'il a vu le barrage et a entamé une marche arrière pendant que les soldats ouvraient le feu. Ferréol et Epinat, qui se trouvaient à l'intérieur, ont eu beaucoup de chance de s'en sortir. Plusieurs balles ont atteint leur véhicule et l'une d'elles a fracassé la lunette arrière et le pare-brise, passant entre leurs têtes sans les toucher. Bien entendu, je ne l'ai su qu'après. Ferréol, qui était Aixois, a été tué pendant les combats de la Libération. Quant à Epinat, il est le beau-frère de ma fidèle secrétaire, Rosette Gay.

Dans la cour des Invalides, je suis décoré de la Légion d'Honneur au titre de la Résistance par le général Zeller, gouverneur Militaire de Paris.

Jean Perreaudin, mon patron dans la Résistance au maquis,
décédé en 1975.

Jean Fontenaille, mon patron dans l'Administration,
mort à Buchenwald.

Le 4 juillet 1970, je fus décoré par les Américains entre, à gauche, le commandant Jean Franchi, à droite, le capitaine Jean Perreaudin, mes patrons au maquis.

Lors de ma décoration par les Américains.

Le 30ᵉ anniversaire de la Résistance, sous la présidence de Max Juvenal.

Vers 1950, au congrès syndical de l'Equipement.

Lors de l'inauguration de la salle de réception du groupe Troisième Age au château d'Avignon, avril 1989.

Inauguration du monument Jean Moulin à Salon, avec Henri Duvillars,
ministre des Anciens Combattants.

Avec Gaston Defferre.

Cet intermède a sans doute perturbé les Allemands qui m'ont laissé poursuivre ma route. Je ne me suis pas fait prier, m'arrêtant simplement à la Roque d'Anthéron pour dire à un ami d'enfance, Viglietti, qu'il y avait deux cadavres, là-bas au bord de la route et qu'il s'occupe de leur sépulture. Moi, je ne pouvais pas y retourner et j'avais ma mission à remplir.

Viglietti y est allé avec quelques hommes et quand ils ont trouvé les corps à l'endroit que je leur avais indiqué, Charmet était mort mais Bonnet respirait encore. Ils s'en sont si bien occupé qu'il a respiré encore près de cinquante ans. Entre temps, il était devenu maire de Charleval.

Le Puy-Sainte-Réparade a été libéré le 21. Je me souviens, nous observions avec des jumelles des troupes qui avançaient vers nous. De loin, tous les soldats se ressemblent mais quand nous avons été assurés qu'il s'agissait des Américains, tout d'un coup ce fut la folie. On sautait de joie, on s'embrassait. On ne croyait pas que c'était possible.

Les Allemands fuyaient. Quelques uns ont résisté mais se sont fait tuer. Ils étaient paniqués face aux G.I's qui arrivaient et nous, dans leur dos, qui ne leur facilions pas le repli. Il y a eu quelques accrochages avec la Résistance.

Six policiers d'Aix, qui nous avaient aidés pendant l'Occupation, étaient venus nous rejoindre, quand nous avions pris le maquis après le 6 juin. Ils combattaient avec nous et l'un d'eux a été tué au cours d'un accrochage. Il s'appelait Gaston Chaunet. Il avait quatre gosses. Son nom est inscrit sur notre monument. Sa mort nous a gâché la fête.

Au Puy, comme partout, la Libération a provoqué des lumières et des ombres. La plupart des habitants étaient joyeux ; d'autres un peu moins. Il n'y avait pas eu vraiment de « collaborateurs ». Simplement des gens qui ne voulaient pas se mouiller et attendaient bien tranquillement que cela se passe. A aucun prix, ils ne voulaient être mêlés à la Résistance, mais de là à nous dénoncer, il y avait un pas qu'ils n'ont jamais franchi.

En quittant le Puy, les Allemands ont assassiné deux personnes âgées devant la mairie, MM. Jover et Rollin. Lorsque nous sommes revenus dans le village avec un prisonnier, nous avons eu beaucoup de peine à lui sauver la vie avant de le remettre aux Américains.

CHRISTIAN DE BARBARIN
Une intelligence lumineuse et gaillarde

Jeune cadre dirigeant dans un grand groupe familial, souvent confronté à des polytechniciens ou des lauréats de grandes écoles, j'étais quelquefois confondu par leur manque d'intelligence ; il m'arrivait alors de penser à Louis, à son intelligence lumineuse et gaillarde et je retrouvais aussitôt le goût du combat. J'ai rarement rencontré une intuition aussi fine des réalités, faite de bon sens et de perception de l'essentiel.

Louis, c'est ensuite une inaltérable fidélité à ses convictions politiques, à son parti et à Gaston Defferre. Il a toujours été un militant encombrant, incontournable mais discipliné.

Plus encore que Gaston Defferre, en tout cas d'une manière différente, il a été mon père en politique. C'est de lui que j'ai reçu la meilleure instruction civique (sauf à la chasse où il contourne viscéralement la loi) et l'art d'habileté dans la médiation.

Maire

Les destins tiennent souvent à peu de choses. Si je n'avais pas rencontré Jean Fontenaille, jamais, probablement, je ne serais entré dans la Résistance. Et, sans le syndicalisme, il est vraisemblable qu'en 1947 je n'aurais pas été candidat aux élections municipales du Puy-Sainte-Réparade.

Je crois aussi que ce qui m'a le plus servi, en toutes choses, c'est de n'avoir jamais nourri de complexe. J'ai toujours essayé de faire ce qui me paraissait naturel et, lorsque je l'avais décidé, j'allais jusqu'au bout. Ce fut ma ligne de conduite dès mon adolescence et je n'y ai pas dérogé. S'il y a une raison à ma carrière bien remplie, je crois bien que c'est celle-là.

A dix-huit ans, je me suis inscrit à la SFIO parce que mon père y militait. J'ai exercé des fonctions syndicales bien avant le Front populaire, parce que cela me paraissait indispensable à cette époque où il y avait beaucoup à faire pour améliorer la condition des ouvriers. J'ai été Résistant grâce à Jean Fontenaille et Jean Franchi et franc-maçon en souvenir de Fontenaille et à l'invitation de Henri Malacrida. Tout cela m'a conduit le plus naturellement du monde à entrer en politique et si, apparemment, c'est là que j'ai le mieux réussi, je pense que j'aurais pu aller tout aussi loin dans le syndicalisme.

J'ai constaté tout au long de ma vie, y compris lorsque j'étais ouvrier agricole, que le travail paie. A condition d'être sérieux et de ne pas modifier son engagement à tout propos.

Une fois, cependant, j'ai dû manquer d'une certaine logique lorsque je me suis inscrit à la SFIO et à la CGT. Le choix normal eût été le Parti communiste et la CGT mais mon père était socialiste et la grande scission politique à gauche avait eu lieu dix années auparavant alors qu'on allait attendre encore dix-sept ans pour voir la même chose se produire au sein du mouvement syndical.

En 1930, si on avait le choix, à gauche entre le PCF et la SFIO, il n'existait pas d'alternative syndicale : c'était la CGT ou rien.

Avant la guerre de 1939, j'avais mon petit bureau à la Bourse du travail à Marseille. Le secrétaire général s'appelait Charles Nédelec. Je l'ai bien connu ainsi que sa femme, Raymonde. Tous deux ont été arrêtés par les Allemands et déportés dans les camps de la mort. Charles y est resté et, aujourd'hui, la nouvelle Bourse du travail porte son nom, ainsi que l'avenue sur laquelle elle se trouve. Raymonde est revenue de Ravensbruck et a épousé Charles Tillon, qui était, de 1940 à 1944, le chef des groupes communistes de la Résistance, les F.T.P.F. (Francs-Tireurs et Partisans Français).

Plus tard, j'ai procédé au mariage d'une de ses deux filles avec le fils d'un collaborateur de mon ami René Faure, M. Leclerc. Charles Tillon avait demandé que la cérémonie fut célébrée par un ancien Résistant et il avait souhaité que ce fut moi.

Je précise ce détail pour rappeler que cette période difficile avait créé des liens qui ont résisté au temps et, ce qui est encore plus significatif, aux divergences politiques. Il m'est arrivé souvent, notamment lorsque j'étais président du Conseil général, de m'opposer aux élus communistes sur un certain nombre de points, jamais je ne les ai considérés comme des ennemis. Et je sais que c'était réciproque. Quand j'ai suivi le cercueil de Charles Tillon, qui est mort à Marseille, c'était comme si j'accompagnais un très vieil ami.

Il est certain que le syndicalisme m'a ouvert des horizons. J'ai appris à me mettre à l'écoute de mes collègues et à défendre leurs revendications devant les patrons. En 1947, j'étais secrétaire général des employés du service vicinal et, peu après, mes responsabilités se sont étendues au Sud-Est et à la Corse. J'ai siégé aussi au bureau national. Toujours à la CGT, malgré quelques observations de mon parti.

Je n'étais pas le seul socialiste dans ce cas. Bottero et Macario avaient fait comme moi, ils jouaient un rôle à la CGT tout en militant à la SFIO.

Depuis 1940, j'avais pris l'habitude de m'éloigner de mon cher village pour des périodes plus ou moins longues. Les missions secrètes de la Résistance avaient laissé la place aux réunions syndicales un peu partout dans l'Hexagone. J'allais fréquemment en Corse, à Paris ou dans le Nord et l'Est de la France pour participer à des meetings ou des séances de travail dans des salles enfumées. Je n'ai jamais été un grand orateur mais je me rodais, ainsi, à prendre la parole en public pour exposer le point de vue que je devais défendre et, si possible, le faire triompher. C'était une rude et bonne école. Un excellent apprentissage en vue des joutes politiques qui m'attendaient.

Plusieurs de mes amis m'ont dit que mes discours passaient bien, que je savais retenir l'attention de mon auditoire. En faisant la part de la flatterie, j'ai souvent constaté que l'on m'écoutait mieux que certains autres. Peut-être parce que je dis des choses que chacun peut comprendre et avec des mots à la portée de tous. Il est vrai que je me suis plus souvent adressé à des ouvriers et à des agriculteurs qu'à des polytechniciens ou des énarques, mais j'ai l'avantage de me sentir aussi à l'aise avec les uns qu'avec les autres. J'ai des amis sincères dans tous les milieux.

Une fois, un journaliste du « Monde » s'est étonné que « la ville la plus intellectuelle et bourgeoise de France » se soit donné un ancien cantonnier pour la représenter à Paris. Il y avait certainement de l'ironie dans son article, peut-être un peu de malveillance à mon égard. Moi, je l'ai pris pour un compliment. J'ai été député d'Aix-en-Provence durant 24 ans, de 1962 à 1986. Je n'ai jamais été battu dans une élection législative et si j'ai cessé d'être député, c'est que j'ai cessé aussi d'être candidat.

Pourtant, ma carrière politique a commencé bien timidement. Le premier résultat que j'ai enregistré, aux élections municipales de 1947 au Puy-Sainte-Réparade, aurait pu décourager n'importe qui.

Il s'agissait des premières véritables élections après la guerre. Le maire sortant était Joachim Durand, un de mes anciens patrons du temps où j'étais ouvrier agricole. Il était âgé et ne voulait pas se représenter. Cela posait un problème à la section SFIO, qui redoutait de perdre la mairie. Comme tout le monde savait qu'il m'aimait bien, je fus chargé de le convaincre. Ce fut difficile car il était décidé à raccrocher. Néanmoins, il s'est laissé faire « une dernière fois » posant pour seule condition que je figure sur sa liste. Il avait une idée derrière la tête : il voulait que je sois son adjoint mais il ne me l'avait pas dit.

Voilà comment j'ai mis le pied en politique. Je ne dirai pas qu'il a fallu me supplier mais, enfin, mes activités syndicales me suffisaient et je pouvais fort bien me passer de ce surcroît de travail dont je ne voyais pas à l'époque ce qu'il pouvait m'apporter de plus. En ce temps là, les communes ne disposaient que de maigres ressources et, s'il y avait beaucoup à faire pour améliorer la vie quotidienne des citoyens, on avait appris que l'on pouvait vivre en s'en passant. Les budgets eux-mêmes étaient loin de ce qu'ils sont aujourd'hui : peu de recettes, peu de dépenses et la vie communale somnolait.

La liste du bon M. Durand fut élue en entier mais le panachage faillit bien me laisser sur le quai. Aucun nom sur les treize n'avait été biffé autant que le mien. Si bien que je fus élu bon dernier avec seulement vingt voix de plus que le premier de nos opposants, qui était donc à deux doigts de prendre ma place.

Plus tard, je me suis demandé pourquoi j'étais aussi peu populaire. J'ai retenu cette idée que c'était à cause de la Résistance. En 1947, le Puy n'était libéré que depuis trois ans et quoiqu'en ait dit Pétain, les Français n'avaient pas la mémoire courte. Certains n'avaient pas apprécié que nous ayons donné quelques coups de pied au cul par-ci par-là après août 1944 et que, peut-être, nous ayons « roulé les mécaniques » en nous promenant, pistolet à la ceinture, après avoir contribué à chasser l'envahisseur.

Ce verdict des urnes constituait une gifle pour le démocrate que j'étais. Aussi, lorsque M. Durand me dévoila son intention de faire de moi son premier adjoint, je refusai catégoriquement... et il me comprit. Je ne pouvais décemment être qu'un conseiller municipal mal élu. Au lieu de m'abattre, cette discrimination me donna du tonus. Quoi, on m'avait mis à la dernière place ? Eh bien, j'allais leur montrer que je valais beaucoup mieux !

Je l'ai dit, l'activité municipale n'était pas débordante. Les conseillers, pas plus que le maire ne tenaient de permanence. Les fenêtres de la Mairie – que l'on n'osait pas appeler l'Hôtel de Ville – étaient souvent fermées et les araignées tissaient tranquillement leur toile dans le bureau du premier magistrat.

Bien sûr, je l'avais constaté et je décidai que ça allait changer.

Après avoir fait un peu de ménage je fis insérer dans « Le Provençal » l'article suivant :

« Louis Philibert, conseiller municipal, se tient à l'écoute de la population tous les lundis matins de 9h à 12h. »

Au début, il n'y eût pas foule. On ne change pas comme ça les habitudes d'un village du jour au lendemain. Puis, les Puéchens sont venus et ça a fait boule de neige. Ceux qui m'avaient rayé sur la liste ont dû commencer à se dire que peut-être ils avaient eu tort. Ma popularité à lentement remonté la pente si bien que, six ans plus tard, aux municipales de 1953, c'est mon nom qui a recueilli le plus de suffrages sur la Liste socialiste d'union républicaine que je conduisais.

La liste avait recueilli une moyenne de 75% des voix.

C'était un excellent résultat.

Le 3 mai 1953, le conseil municipal m'élisait maire pour la première fois. Il y a plus de quarante ans déjà...

M. Durand a eu un très beau geste. Il a accepté d'être mon adjoint, montrant ainsi qu'il était avec moi, que je ne l'avais pas écarté et qu'au contraire c'était bien lui qui avait voulu que je m'assoie sur ce fauteuil.

De telles attitudes sont si rares en politique qu'il convient de les souligner.

MAURICE FAURE
Une vie très riche en événements

Ces mémoires rendent le caractère joyeux et pittoresque d'une vie très riche en événements. Dans nos nombreuses rencontres, Louis nous a largement comblés, que ce soit à la chasse, au Palais-Bourbon ou tout simplement dans son décor familier du Puy-Sainte-Réparade.

Il a tout connu en plus de cinquante années de mandats. Quelle magnifique preuve de la fidélité de ses électeurs !

Gaston Defferre et Louis Philibert étaient comme deux frères. Gaston aimait entendre Louis raconter des histoires plus ou moins vraies mais, en tout cas, bien tournées. Le même attachement liait Louis à mon frère René, lequel, malheureusement, nous a quittés trop tôt.

Nos souvenirs sont si beaux qu'ils effacent toute nostalgie.

Député

J'étais donc maire du Puy-Sainte-Réparade et j'avais quarante et un an, soit exactement la moitié de l'âge que j'ai aujourd'hui au moment où sont publiés ces souvenirs. Je ne pouvais pas imaginer la carrière politique qui s'ouvrait devant moi en 1953. Il y a plus de 36.000 maires en France et j'étais un de ceux-là. En outre, je n'avais pas eu grand mérite à gagner cette commune qui était administrée par les socialistes déjà avant la guerre. Je succédais à M. Durand, qui m'avait mis le pied à l'étrier.

Le Puy-Sainte-Réparade était un des rares îlots de gauche dans le canton de Peyrolles et, même, dans tout l'arrondissement d'Aix. Un jeune étudiant, auteur d'une thèse intitulée « Un parcours original en politique » a estimé que pour moi, le Puy-Sainte-Réparade fut « la base du pouvoir ». Je crois qu'il a fort bien vu les choses car la confiance sans cesse renouvelée des Puéchens m'a permis de remporter toutes les élections que j'ai affrontées. Notamment celle de 1955 pour le siège de conseiller général du canton. Là, les voix de mes concitoyens ont vraiment fait la différence. En minorité dans les quatre autres communes où mon score évoluait entre 30 et 40 %, j'ai littéralement fait le plein au Puy, aux alentours de 92 %. Cet apport massif m'a permis de battre au deuxième tour mon concurrent devenu par la suite mon ami, Aimé Bernard.

Etant le seul maire socialiste du canton, j'avais, cette fois, réalisé une excellente opération, car il est de coutume que les maires disposent plus ou moins des voix de leurs administrés dans une élection cantonale. Ceux de Peyrolles, de Meyrargues, de Jouques et de Saint-Paul ne m'avaient pas fait de cadeau.

En 1945, Aimé Bernard avait battu mon ami Jean Franchi. Nommé à Paris peu après, mon ancien chef dans la Résistance n'avait pas pu l'affronter de nouveau en 1955 et c'est pourquoi Gaston Defferre, dont l'autorité était déjà incontestable au moment de la désignation des candidats socialistes, m'avait demandé de relever le défi.

Il m'avait dit : « Tu seras probablement battu mais il faut y aller. Nous devons compter nos voix. »

Je n'ai pas été le seul surpris de mon élection. Si je l'ai emporté de justesse (53 % des voix au deuxième tour) c'est grâce au désistement du candidat communiste, Yves Kléniec. Je ne l'ai jamais oublié. La reconnaisance, pour moi, est une religion.

J'ai bénéficié d'un autre soutien qui avait son importance : Le Provençal. Conquis à la Libération par Gaston Defferre et Francis Leenhardt, l'ancien « Petit-Provençal » de Vincent Delpuech était rapidement devenu le premier quotidien régional, supplantant « La Marseillaise », qui avait succédé au journal préféré des Marseillais avant la guerre : « Le Petit Marseillais ».

Accusé de collaboration, Vincent Delpuech avait été jugé et reconnu non coupable, grâce, en partie, à une lettre dans laquelle je certifiais qu'il avait aidé la Résistance, ce qui était exact. Finalement, Defferre et Delpuech étaient arrivés à un accord au terme duquel ce dernier recevait une indemnité de 120 millions (de francs de l'époque) payable en dix ans. Et Vincent Delpuech fut élu sénateur.

J'arrivais au bon moment : 1955 marquait le début des travaux d'aménagement de la basse Durance et, trois ans plus tard, la grande aventure de Cadarache allait débuter.

Les scores que j'ai réalisés, les victoires électorales que j'ai remportées entre 1955 et 1980 paraissent mirobolants aujourd'hui.

Il y a une raison à cela : maintenant, il y a trop de mécontents.

A la fin des années cinquante et au début des années soixante, quand quelqu'un venait me voir pour me demander un emploi, il n'attendait pas plus de quinze jours pour avoir satisfaction. Je pouvais le caser assez facilement soit à l'aménagement hydro-électrique de la basse Durance, soit à Cadarache. C'était formidable pour tout le monde.

Un jour de 1958, j'avais vu débarquer M. René Faure avec une lettre de recommandation de son frère Maurice, ancien ministre des Affaires étrangères. Il était chargé de créer le Centre d'études nucléaires dont je parlerai un peu plus loin. Nous avions une passion commune, la chasse. Tout de suite nous sommes devenus amis et nos liens n'ont cessé de se resserrer jusqu'à sa mort.

Bien sûr, comme je l'avais fait pour le Puy-Sainte-Réparade, j'ai ouvert des permanences dans toutes les communes du canton. Et quand je dis « des permanences », il ne s'agissait pas d'un simple bureau où je plaçais un délégué. Je payais toujours de ma personne et ne laissais à quiconque le soin de recevoir les gens. Je continue à le faire, quarante ans après, alors que je crois pouvoir dire qu'électoralement parlant je n'en ai plus besoin.

A cette époque, lorsque je faisais le tour de mon canton, je ne rencontrais que des gens visiblement heureux de me voir et qui m'assuraient que toute leur famille avait voté pour moi. C'était vrai car j'ai été réélu avec 92 % des voix en 1961 et 90 % en 1967. Chaque fois au premier tour. C'était l'euphorie.

En 1961, j'assistais au dépouillement et j'avais presque honte. Chaque fois qu'on ouvrait une enveloppe, j'entendais prononcer mon nom : Philibert, Philibert, Philibert... C'était le plébiscite.

Certains ont dit qu'il existait un « mythe Philibert ». Si on peut parler de « mythe », il est né à ce moment-là.

Pour moi, c'était extraordinaire, j'étais maire de ma commune, conseiller général de mon canton : je détenais mon bâton de maréchal. Sincèrement, je ne pensais pas à autre chose. J'avais conscience que mon éducation et ma formation comportaient d'importantes lacunes. Il ne me venait même pas à l'esprit que je pourrais tenter de grimper sur la marche supérieure, c'est-à-dire être candidat à la députation.

D'ailleurs, et en toute objectivité, c'était une mission impossible pour un socialiste dans cette circonscription dont six cantons sur sept étaient acquis aux partis de droite.

Si un autre que Gaston Defferre me l'avait suggéré, je lui aurais demandé s'il voulait m'envoyer au casse-pipe. Ou bien s'il se moquait de moi.

Comme j'avais beaucoup de respect pour lui, je me suis contenté de lui répondre : « Tu me vois représentant la ville d'Aix ? »

Selon Gaston, je n'avais pas le choix. Il fallait un candidat socialiste et, compte tenu de l'effectif disponible sur le secteur, ce ne pouvait être que moi. N'étais-je pas le seul élu départemental de cette circonscription ?

Il y avait une certaine logique dans ce raisonnement mais la logique voulait aussi que je fus battu. Six conseillers généraux faisaient campagne contre moi : à Aix, il y avait Mouret et Ferréol ; à Eyguières, Codaccioni ; à Orgon, Fatigon ; à Trets, Henry ; à La

Roque, Onoratini... Le moins que l'on puisse dire est que je ne partais pas favori devant l'U.N.R. Hostache, qui était le député sortant, mais puisqu'il le fallait...

J'avais un chaud partisan en la personne du sous-préfet d'Aix, Jacques Mazel, que Gaston Defferre devait prendre plus tard avec lui pour en faire le président de la R.T.M puis le secrétaire général de la Ville de Marseille... avant de le rendre à l'Administration dans laquelle il a fini sa carrière à Avignon comme préfet de Vaucluse.

Jacques Mazel avait dit à Gaston : « J'accompagne souvent des élus de mon arrondissement, aucun n'est aussi populaire que Philibert. Les gens traversent la rue pour venir le saluer. Tous l'appellent par son prénom, lui tapent sur l'épaule, le tiennent en grande sympathie. A mon avis, c'est le meilleur candidat possible ».

On a dit de Gaston Defferre qu'il était très autoritaire. Moi je sais qu'il savait écouter. Surtout s'il faisait confiance à celui qui lui parlait. Et il avait beaucoup d'estime pour Jacques Mazel.

J'ai donc accepté, j'ai fait campagne... et me suis retrouvé, au soir du premier tour, avec seulement un millier de voix de retard sur Hostache. Il en totalisait environ 13.000, moi 12.000, les communistes 9.000 et Mme Vidal, qui était aussi de droite, 7.000.

Tout de suite, les communistes ont décidé de se désister en ma faveur. C'est l'ancien conseiller général et maire d'Arles, Jacques Perrot, avec qui j'ai toujours conservé d'excellentes relations, qui est venu m'en faire part.

L'affaire se présentait assez bien mais il restait cette hypothèque des 7.000 voix qui pouvaient se reporter sur Hostache en cas de retrait de Mme Vidal.

Il faut se souvenir que cette candidate était l'épouse de Jean-Claude Vidal, l'ancien suppléant du député sortant. Très attaché à l'Algérie française, il en voulait au général de Gaulle – et par conséquent à l'U.N.R. Obligé de s'exiler en Suisse, il avait demandé à son épouse de se présenter contre Hostache et celle-ci avait recueilli, notamment, les suffrages des Rapatriés.

Peu après la proclamation officielle des résultats, vers 22h30, j'ai reçu la visite de Jean Féraud, qui était maire de Trets. « Mme Vidal souhaite te rencontrer tout de suite si tu peux. »

Nous sommes allés chez lui, avenue de Saint-Jérôme, où Mme Vidal se trouvait déjà. Je ne l'avais jamais vue auparavant. Je savais simplement que son mari et elle étaient déçus du général de Gaulle qui n'avait pas su conserver l'Algérie française. Je tenais également la famille Vidal en estime car Jean-Claude et son frère Pierre avaient participé à la Résistance dans le secteur des mines. J'ai fait état de son témoignage au sujet de la fourniture des armes.

Elle m'a demandé : « Que puis-je faire pour que vous soyez élu ? »

Je lui ai dit : « Je suis prêt a être l'instrument de votre vengeance : Maintenez votre candidature ».

C'est ce qu'elle a fait.

Et j'ai été élu pour la première fois député des Bouches-du-Rhône avec 25.411 voix sur 49.539 suffrages exprimés (51,3%). Hostache n'en avait que 18.107 (36,5%). Mme Vidal avait conservé presque toutes les siennes (6.021).

Si elle s'était retirée et si les voix des rapatriés étaient allées toutes à mon concurrent, arithmétiquement j'aurais été élu tout de même. Mais je persiste à dire que son maintien m'a été précieux et je lui en suis reconnaissant ainsi qu'à sa famille.

Félix Ciccolini
Une force hors du commun

Les mémoires de Louis Philibert seront, à mon avis, le meilleur livre qui existera sur la Provence, pour la période 1940-2000. L'histoire de ces soixante années transparaîtra, dans ses marques essentielles, à travers les étapes de cette vie.

Ayant travaillé à ses côtés au début de sa députation, je garde le souvenir du dévouement inlassable qu'il apportait à tous ceux qui avaient rencontré le malheur et venaient frapper à sa porte. Ils étaient fort nombreux et Louis s'occupait de tous, sans négliger les problèmes généraux qu'il a toujours su dominer avec une force tranquille hors du commun.

L'année canon

Etre député fut une joie immense. D'autant plus forte que le résultat était inespéré. Ma mère était aux anges et mon père, en bon libre penseur, ne pouvait cacher son émotion ni sa fierté d'avoir un fils siégeant à l'Assemblée nationale.

Il faut se rappeler qu'en cette année 1962 le mouvement gaulliste était à son apogée, voilée seulement par la perte de l'Algérie française et le retour des Rapatriés qui, pour la plupart, faisaient campagne contre le Général, l'accusant de ne pas les avoir compris aussi bien qu'il l'avait prétendu. Ce qui n'avait pas empêché l'U.N.R. (c'était le sigle gaulliste de l'époque, après le R.P.F. et avant l'U.D.R. et le R.P.R.) de remporter les élections législatives haut la main.

Ce « couac » de la politique gaullienne avait un peu redonné des couleurs aux socialistes, qui étaient en pleine « traversée du désert ». Il faut rappeler que, dans les Bouches-du-Rhône, Gaston Defferre lui-même avait été battu, en 1958, par un inconnu du nom de Marchetti alors qu'il semblait avoir mis toutes les chances de son côté en choisissant la huitième circonscription, celle de mon ami Jean Masse qu'il avait pris pour suppléant. Ce fut la seule fois où Defferre et Masse échouèrent à une élection législative. Comme quoi l'addition de deux fortes personnalités n'est pas forcément un gage de réussite devant les électeurs.

Moi, j'avais réussi au premier coup et contre toute attente dans une circonscription dont le moins que l'on puisse dire est qu'elle n'était pas taillée sur mesure pour moi. Ce qui ne fut pas un obstacle suffisant pour empêcher mon installation pendant vingt-quatre ans d'affilée, de 1962 à 1986, c'est-à-dire jusqu'à ce que je décide de ne plus me représenter.

Cette année 1962 fut donc une année phare pour ma carrière

politique puisque quelques mois seulement après avoir été réélu conseiller général du canton de Peyrolles avec 92% des voix au premier tour, j'accédais à la députation. Je me souviens qu'en arpentant les Champs-Elysées avec Jean Masse et Daniel Matalon, nous avions l'impression d'avoir conquis Paris.

Aujourd'hui, j'éprouve une certaine fierté à n'avoir jamais été battu dans les trente-trois élections que j'ai affrontées. J'ai été élu six fois député : en 1962, 1967, 1968, 1973, 1978 et 1981. Toujours au deuxième tour. Quelquefois, ce fut difficile. En 1968, je n'avais que 4.000 voix d'avance sur Hostache ; en 1978, moins de 4.000 sur Féraud, le maire de Trets. En revanche, en 1981, j'ai distancé Joissains, qui était maire d'Aix, de plus de 15.000 voix.

Avant d'être élu député pour la première fois en 1962, je venais de réussir l'examen de conducteur principal des Travaux publics de l'Etat. Je n'ai jamais occupé ce poste car j'ai été nommé à Trets juste avant l'élection. Ce fut ma première infidélité à l'administration des Ponts et chaussées.

Financièrement, je ne perdais pas au change.

A ce propos, il faut que j'ouvre une parenthèse pour faire part de l'émotion que j'ai ressentie en 1962 lorsqu'après avoir été élu député pour la première fois, j'ai reçu chez moi ce que l'on pourrait appeler mon bulletin de salaire.

En regardant la somme qui figurait au bas de la colonne, j'ai cru tout de suite qu'ils m'avaient payé un trimestre d'avance. Mais non ! C'était bien ce que j'allais percevoir chaque mois. En gros, je passais d'un seul coup de 1.000 francs à 6.000 francs. Un député gagnait environ six fois plus qu'un cantonnier-chef. C'était appréciable. Je me souviens qu'en rentrant à la maison, le soir, j'ai dit à ma pauvre femme : « Maintenant, tu n'as plus besoin de faire des économies. Nous ne dépenserons jamais ce que je gagne. »

Franchement, en me portant candidat, je ne savais pas très bien ce que pouvait gagner un député à l'Assemblée nationale. J'ai été agréablement surpris. Cependant, on s'y habitue assez facilement. Il est plus facile de monter dans la hiérarchie que de descendre.

Etant député, j'avais envie de le rester, c'est pourquoi j'ai fait des efforts pour mériter la confiance que les électeurs m'avaient témoignée. La circonscription comprenait sept cantons et quarante et une communes, dont celle d'Aix-en-Provence. J'avais un bureau au N°1bis de la rue Aude, tout près du siège de la Fédération départementale des chasseurs. J'y ai installé une secrétaire, Rosette Gay avec qui je suis lié par une vieille et solide amitié. Aujourd'hui elle est adjointe de Jean-François Picheral, maire d'Aix.

J'avais embauché Rosette Gay le 1er septembre 1962 pour la durée de la campagne électorale. J'étais persuadé que je ne serais pas élu et je ne voulais pas lui promettre une place stable pressentant que quelques mois plus tard je n'aurais plus besoin de ses services. Or elle est restée à mon côté jusqu'en décembre 1990, soit pendant vingt-huit années, accomplissant pour moi un travail remarquable.

Dans le même temps je tenais des permanences régulières, au moins deux fois par an, dans chaque commune jusqu'en 1986, année où j'ai décidé d'abandonner ce mandat. Depuis cette date les électeurs de la circonscription n'ont plus vu l'ombre de mon successeur.

Tout ce travail a payé car j'ai eu la satisfaction d'amener à gauche la totalité des cantons qui formaient la circonscription d'Aix-en-Provence. Au départ, cela pouvait paraître utopique, celui de Peyrolles, que j'avais conquis, étant le seul du genre ; tous les autres, sans exception, étant détenus par des conseillers généraux de droite.

La conquête a commencé en 64 lorsque Félix Ciccolini a battu Mouret, le maire d'Aix, dans le canton d'Aix-Nord. Trois ans plus tard, André Samat a succédé à Henry à Trets et Gilbert Pauriol a pris Lambesc à Onoratini. En 1973, deux nouveaux cantons sont passés au Parti socialiste : Aix-Sud, où Paul Honorat a battu Ferréol et Eyguières remporté par Daniel Comte face à Codaccioni. Il ne restait plus qu'Orgon, qui est tombé en 1976 : Pierre Beynet succédant à Fatigon. Ainsi, en douze ans et quatre tours de scrutin, tous les cantons de la circonscription d'Aix sont passés de droite à gauche. J'ai toujours considéré cela comme un excellent résultat.

Ma réélection la plus difficile fut celle de 1968. Je me souviens du jour où le général de Gaulle a dissous l'Assemblée nationale. J'étais à la Préfecture dans mon bureau lorsque le préfet Laporte est venu me dire : « Le Président va parler ». Je suis allé l'écouter dans son bureau où il y avait la télévision. En rentrant chez le Préfet, j'étais député, un quart d'heure plus tard, en sortant, je ne l'étais plus.

Je savais que, cette fois, il ne s'agirait pas d'une simple formalité. En 1968 il y avait dans le pays un fort courant contraire aux socialistes. Je ne peux le comparer qu'à celui de 1993. Nous pensions tous que nous allions être laminés. Et mes amis qui m'entouraient confirmaient ce pessimisme. A tel point que, me voyant battu, j'étudiais une possible reconversion.

J'envisageais de m'occuper des relations publiques d'une entreprise de travaux publics. J'avais reçu des propositions sérieuses dans ce sens et les émoluments qui étaient proposés pour ce travail pouvaient dépasser l'indemnité de parlementaire.

Les socialistes ont perdu le siège d'Aix dans des circonstances particulières, à cause du scrutin dit « à la proportionnelle ». Gaston Defferre m'avait appelé dans sa maison de Saint-Antonin-sur-Bayon, face à la Sainte-Victoire.

Il m'avait dit : « Je suis en train de préparer la liste que je conduirai. Michel Pezet sera deuxième et toi troisième... »

Pour moi, c'était l'assurance d'une réélection dans un fauteuil. D'ailleurs, les socialistes avaient eu cinq élus. Mais j'avais vraiment décidé de ne plus y retourner. J'avais des raisons personnelles. Cela ne m'intéressait plus de monter à Paris et j'avais atteint le plafond pour la retraite de parlementaire. Cela faisait deux excellentes raisons de laisser la place à un plus jeune que moi.

J'avais cotisé vingt-quatre ans sans oublier de saisir l'opportunité offerte à chaque député de cotiser double durant les quinze premières années de mandat. En outre, j'avais bénéficié d'une disposition spéciale à ceux qui avaient été élus pour cinq ans en 1967 et s'étaient retrouvés en campagne en 1968, pour cause de dissolution. Je totalisais donc plus de quarante années de versements et je trouvais idiot de continuer à me rendre au Palais-Bourbon pour une indemnité équivalente à la retraite que je percevrais en restant dans mon département. Gaston l'a très bien compris et n'a pas insisté outre mesure. De toute façon, mon désistement a fait l'affaire des suivants.

A ce moment-là, ma carrière politique était déjà bien remplie. Toutes les élections constituent un grand moment mais il est évident qu'être conseiller général de son canton c'est mieux que d'être maire d'une commune rurale et être député, c'est le bâton de maréchal.

En 1962, alors que j'avais le bonheur de détenir ces trois mandats en même temps, il ne me manquait pas grand-chose. Je pouvais espérer, avec un peu de chance, devenir président du Conseil général car il était de coutume à cette époque d'offrir cette fonction à tour de rôle aux élus de la majorité départementale. Or, les socialistes disposaient de cette majorité et la présidence ne pouvait pas leur échapper. Gouin, Padovani, Carcassonne, Audibert, Graille, Masse, Savine et plusieurs autres s'étaient succédé depuis la Libération et mon tour devait arriver. Mais franchement, je n'y pensais pas trop.

Cela s'est produit en 1967 qui fut pour moi une année extraordinaire puisque j'ai été réélu député le 12 mars avec 67% des voix devant le recteur Michel Fabre, conseiller général le 24 septembre, avec 89% au premier tour face à Pascal Fieschi et, enfin, président de l'Assemblée départementale, le 4 octobre, avec trente-trois bulletins sur trente-quatre votants.

Tout au long de ma carrière politique, j'ai battu tous mes adversaires mais jamais je n'ai dû m'imposer à un camarade de mon parti. J'ai toujours été désigné à l'unanimité par mes collègues sans avoir à jouer des coudes pour y parvenir, ni passer devant quelqu'un aussi qualifié que moi. Il en fut ainsi pour la présidence. C'était mon tour, je l'ai pris. Victor Savine m'a passé les commandes.

En 1967, le Conseil général ne jouait pas le rôle qu'il joue aujourd'hui. La Décentralisation ne lui avait pas encore conféré les pouvoirs importants qu'il détient depuis les lois-Defferre de 1982 et 1986. Néanmoins, il disposait d'un budget de plus d'un milliard de francs, consacré en grande partie à l'aide sociale et aux travaux routiers.

Quand je me suis assis dans le fauteuil de mon vieil ami Victor Savine, j'étais à cent lieues d'imaginer que j'allais l'occuper vingt-deux ans. La meilleure des preuves c'est que trois ans après, en 1970, j'avais à moitié déménagé mes papiers lorsque Delagnes, Padovani et Carcassonne sont venus me demander pourquoi j'étais si pressé de partir.

– Parce que j'ai fait mes trois ans et que je dois laisser la place à un autre.

– Tu as fait tes trois ans mais nous voulons que tu restes encore un peu. Si le groupe te le demande, accepteras-tu ?

Le groupe me l'a effectivement demandé. Gaston Defferre était lui-même d'accord. J'ai donc posé à nouveau ma candidature et j'ai été élu par 22 voix sur 23 votants. La voix qui me manquait était allée au communiste Donadio.

Je dois dire que j'ai toujours voté pour moi dans ce genre de scrutin. Une fois, je ne me souviens plus très bien en quelle année, j'avais été réélu à l'unanimité moins un bulletin blanc et les journalistes, toujours enclins à simplifier les choses, avaient écrit : Philibert réélu à l'unanimité. J'avais dû leur adresser une amicale mise au point : le bulletin blanc, ce n'était pas moi qui l'avais mis dans l'urne !

Une autre fois, en 1988, un conseiller général RPR, Monsieur

Leclerc, m'avait rencontré dans le couloir et m'avait dit : « Je vais voter pour vous ». Je lui avais fait observer que ce n'était pas indispensable puisque nous étions 30 à gauche contre 17 à droite et qu'il n'y aurait pas photo au moment du dépouillement. Il avait insisté.

A l'issue du vote, le président de séance annonça que j'étais réélu président par 31 voix contre 16 à Roland Blum, le candidat de la droite. Le président du groupe UDF, qui savait compter aussi bien que moi, prit la parole pour indiquer qu'il devait y avoir une erreur attendu que son groupe était fort de dix-sept élus et qu'il ne recueillait que seize voix !

Je lui ai simplement demandé s'il connaissait un article de notre règlement intérieur qui interdise à un membre de son groupe de voter pour moi ?

La Durance et Cadarache

Je suis né sur les bords de la Durance et probablement j'y mourrai. Pertuis, Meyrargues, le Puy-Sainte-Réparade : ces trois étapes ont jalonné ma vie pendant déjà plus de quatre-vingts ans. C'est dire que je connais cette rivière dont les crues étaient, selon Mistral, un des trois fléaux de la Provence, les deux autres étant le mistral et le Parlement. Voici la citation de Mistral : « Parlamen, mistrau e Durenço soun li tres flèu de Prouvenço ».

La Durance a cette particularité, tout au moins dans les Bouches-du-Rhône et le Vaucluse, qu'aucune maison n'a jamais été construite sur ses berges. Il n'y a qu'une exception : Saint-Paul. Mais le village est bâti sur une petite falaise qui fait l'effet d'une digue et protège les constructions de la montée soudaine des eaux.

Avant l'édification du barrage de Serre-Ponçon, il ne passait pas une année sans qu'à la fonte des neiges une crue ne balaie complètement le lit. Je me souviens qu'à l'époque où j'étais ouvrier agricole nous ramassions souvent les asperges les pieds dans l'eau, au mois de mai au moment de la fonte des neiges.

Il y avait beaucoup de poissons mais il fallait avoir un gosier extraordinaire pour ne pas s'étrangler avec : des chevesnes, des barbeaux, des otus pleins d'arêtes, bons pour les chats. Seules les anguilles étaient mangeables à la condition de savoir les préparer. Je braconnais un peu, je les prenais à la ligne de fond ou au filet.

La rivière n'était vraiment utile que pour l'arrosage (on ne parlait pas encore d' « irrigation »). C'était l'anarchie la plus totale. Chaque commune avait son propre syndicat qui construisait des digues selon son bon vouloir, sans se soucier des effets induits sur le courant. Le moins que l'on puisse dire est que cela manquait de coordination. On se battait quelquefois autour des martelières pour un simple filet d'eau.

Bien sûr, il n'était pas question de faire la moindre analyse chimique ou bactériologique. Pour les jeunes, la Durance était un peu la piscine municipale. C'est là que j'ai appris à nager et que je me suis baigné régulièrement jusqu'à l'âge adulte. Je ne me souviens pas d'avoir eu le moindre bouton. C'était pourtant un égout à ciel ouvert.

Tout a changé à la fin des années cinquante avec la construction du barrage de Serre-Ponçon avec sa réserve de 1.200 millions de mètres cubes, dont 200 millions sont destinés à l'agriculture. Ce grand barrage en terre a été réalisé par EDF avec la participation du ministère de l'Agriculture afin de régulariser le débit de la rivière et d'alimenter les 16 canaux d'irrigation des Bouches-du-Rhône et du Vaucluse qui avaient leurs prises en Durance en aval du pont de Mirabeau.

Il y avait, en ce temps-là, un chef d'aménagement des nappes et canaux du nom de Muller-Fuéga. Nous sommes devenus des amis et nous nous voyons de temps à autre. Il a terminé sa carrière comme directeur régional. On ne dira jamais assez tout ce qu'il a fait avec E.D.F. pour le développement de ce secteur. Ils ont recensé ce que les seize canaux pouvaient acheminer comme débit à la seconde et se sont engagés à le fournir. Grâce à cela, les arrosants disposent toujours de l'eau dont ils ont besoin. Ils n'ont plus à se préoccuper des captages ni des travaux. Ils ouvrent leurs vannes, un point c'est tout.

C'est vrai : tout n'a pas été simple. Il a fallu apporter de véritables révolutions dans les habitudes ; quelques expropriations ont été nécessaires... mais le résultat est là : l'aménagement hydro-électrique avec tous les barrages, le canal E.D.F., le canal de Provence ont apporté tranquillité et prospérité. Au point que cette année où la France entière mourait de soif et où le Gouvernement était contraint d'instituer « l'impôt sécheresse » fut, paradoxalement, celle où les agriculteurs des Bouches-du-Rhône et du Vaucluse ont gagné le plus d'argent. Ils étaient les seuls à pouvoir arroser à volonté.

Le canal de Provence aussi découle directement du projet E.D.F. Gaston Defferre a créé cette société avec les départements des Bouches-du-Rhône et du Var et j'en suis administrateur depuis plus de trente ans, partageant la présidence avec le maire de Marseille et le président du Conseil général du Var, et depuis quelques années, le président du Conseil Régional.

En 1969, lorsque Toulon a été menacée de manquer d'eau à cause de l'assèchement du barrage de Carcès, c'est le Canal de Provence qui a construit en toute hâte une conduite à partir de Quinson.

Un jour, un maire est venu me voir pour se plaindre d'une ligne à haute tension qu'E.D.F. allait faire passer sur le territoire de sa commune. Je lui ai demandé s'il oubliait tout ce qu'E.D.F. lui versait chaque année au titre de la taxe professionnelle.

Avant la loi de 1955, seules les communes disposant d'une usine percevaient cette taxe. La loi a institué un système de péréquation entre tous les riverains. Elle a contribué à la réussite de l'aménagement en faisant taire quelques réticences qui pouvaient se manifester et en égalisant les ressources.

Pour compléter, nous avons créé avec mon ami Jean Garcin un Syndicat mixte de la Durance qui rassemble une trentaine de villes et villages des Bouches-du-Rhône et du Vaucluse et nous avons obtenu la concession. Il y avait des années que nous le souhaitions mais nous avons dû attendre 1981 et un gouvernement de Gauche pour y parvenir. C'est Michel Crépeau, ministre de l'Environnement, qui nous a permis de prendre en main cette opération et de devenir les décideurs en nous accordant la concession de la rivière.

C'est ainsi que nous avons pu régler le délicat problème de l'extraction des graviers. Jusque là, c'était l'anarchie. Les entrepreneurs opéraient à leur guise et si la réglementation leur imposait de construire des seuils au milieu du lit pour empêcher la dégradation de la rivière, il y étaient rarement contraints.

Je voulais y mettre de l'ordre. Je me suis renseigné pour savoir comment on procédait ailleurs et j'ai appris que dans le Var il y avait une taxe à la tonne de gravier extraite. J'ai décidé d'en faire autant pour la Durance avec l'accord de mon collègue Jean Garcin.

Ce ne fut pas facile. Les entrepreneurs, que j'avais convoqués à une réunion ont manifesté de vives réticences. Je leur ai demandé de bien réfléchir en leur rappelant que le Conseil général, que je présidais, était leur principal client...

Cet argument a été décisif. Ils ont accepté la taxe, qu'ils ont évidemment, répercutée sur leurs tarifs et c'est le Syndicat mixte qui s'est chargé de construire les seuils avec les sommes ainsi recueillies.

La taxe a bien rapporté jusqu'en 1990 et nous a permis de réaliser d'importants aménagements avec des bases nautiques et de loisirs qui attirent beaucoup de sportifs ou de simples promeneurs autour des plans d'eau. Depuis 1990, la crise du bâtiment et des travaux publics s'est répercutée directement sur l'extraction des graviers. Elle a baissé de 40% et les recettes du Syndicat également.

Heureusement, nous n'avions pas perdu de temps. Les installations sont en place. En 1992, au Puy-Sainte-Réparade, nous avons accueilli plus de sept cents stagiaires d'aviron, de planche à voile, de tir à l'arc, de tennis.

Les pêcheurs et les chasseurs y trouvent aussi leur compte. L'alevinage dans les plans d'eau a permis d'introduire des espèces de poissons plus intéressantes que celles que l'on trouvait traditionnellement dans la Durance, en particulier des sandres et des brochets. Et le Syndicat a raflé les adjudications de terrains domaniaux pour les rétrocéder aux sociétés de chasse locales.

Des progrès énormes ont été accomplis dans de nombreux domaines. Il reste un projet qui me tient à cœur : supprimer toutes les décharges d'ordures ménagères. J'ai fait faire une étude sur l'origine des feux de forêts : elle montre que les dépôts d'ordures sont impliqués une fois sur cinq.

Si nous arrivons à les faire disparaître, nous pourrons envisager de développer sur les bords de la Durance une nouvelle forme d'accueil pour le tourisme populaire. Je sens que les Français ne continueront pas indéfiniment à élever leur niveau de vie. La Côte d'Azur n'étant pas à la portée de tout le monde, il faudra bien trouver des lieux de vacances pour les moins favorisés.

La loi prévoit que les dépôts d'ordures ménagères seront interdits à partir de 2002. C'est pour bientôt. Je pense que nous pouvons anticiper légèrement.

Le problème est que les usines d'incinération ne sont rentables que dans les grandes agglomérations. Tous les essais faits dans des communes de moyenne importance se sont révélés négatifs. Marseille a son propre projet qui comprend deux usines, mais le président Lucien Weygand fait étudier pour le reste du département des Bouches-du-Rhône un système global basé sur trois grands centres de traitement recevant chacun les déchets d'environ 300.000 personnes.

En attendant, je suis fier d'avoir participé a cette grande œuvre d'aménagement. Je crois que je ne vais pas être modeste mais je dois dire que, depuis une trentaine d'années, je n'ai pas manqué une seule réunion de la commission permanente du Canal de Provence. Une société que j'ai très longtemps présidée en alternance avec Gaston Defferre et Edouard Soldani, mon collègue varois. Le siège étant au château du Tholonet, j'étais évidemment le plus près. Et puis, Gaston Defferre me laissait souvent le soin de le représenter, étant fort occupé par ailleurs. Il reste que le Canal de Provence est en grande partie son œuvre car il voulait assurer la sécurité de l'alimentation en eau de Marseille. Il y est parvenu et, en plus, cet ouvrage est d'un intérêt extraordinaire pour toute la portion de littoral comprise entre Fos-sur-Mer et Saint-Raphaël.

Finalement, cette région de la basse Durance a connu infiniment plus de transformations durant cette décennie des années 60 que depuis l'origine des temps. Car, outre l'aménagement hydro-électrique dont je viens de parler, il y a eu Cadarache.

Un jour de 1958, j'ai vu arriver un homme que je n'avais jamais vu mais qui allait devenir rapidement mon ami. C'était René Faure. Il m'était envoyé par une personnalité que je connaissais bien : son frère Maurice, ancien ministre des Affaires étrangères et signataire, pour la France, du traité de Rome en 1957, actuellement président du Conseil général du Lot et membre du Conseil constitutionnel.

René Faure était chargé d'une mission très importante : implanter ici, sur le territoire de la commune de Saint-Paul, un Centre d'études nucléaires. A cette époque, guère plus de dix ans après Hiroshima, le terme « nucléaire » évoquait la bombe atomique, c'est-à-dire la désolation et la mort. Personne ne pouvait imaginer, alors que les barrages étaient encore ce qu'il y avait de mieux pour produire de l'électricité, que trente ans plus tard les trois quarts de notre énergie proviendraient des centrales atomiques. L'atome faisait peur.

Il était donc facile de rassembler des opposants à une implantation qui, nécessairement, imposerait des expropriations toujours désagréables.

Les terrains convoités par le Commissariat à l'énergie atomique appartenaient en grande partie à l'Etat, ce qui ne devait pas poser de problème, et pour le reste à un grand propriétaire, la marquise de la Hamède, qui possédait, notamment le Château, appellation un peu pompeuse pour la demeure qui est, aujourd'hui, la mairie de Saint-Paul.

Cette marquise, qui passait le plus clair de son temps à Paris, était farouchement opposée à la cession de ses terres et elle n'avait pas eu de peine à rallier à sa cause tous ceux qui, pour des raisons diverses, voyaient d'un mauvais œil l'arrivée d'une activité aussi controversée. Il y avait notamment quelques petits propriétaires, attachés à leur parcelle de forêt, et la foule de ceux pour qui le nucléaire était synonyme de désolation et de mort.

D'ailleurs, on ne se privait pas d'entretenir ces croyances. Je me souviens d'un orateur qui affirmait que cette verte région allait devenir rapidement un autre désert de Gobi.

Mes rapports personnels avec la marquise de la Hamède n'étaient pas des meilleurs. Pendant la guerre, elle avait eu une attitude plutôt bienveillante avec l'Occupant ce qui avait suscité, à la Libération, une certaine animosité de la part des Résistants. Je ne me voyais guère allant la rencontrer dans son « château » ou encore à Paris pour obtenir d'elle qu'elle cède enfin devant l'intérêt supérieur du pays.

C'est pourtant ce que René Faure me pria de faire lorsqu'il apprit que Mme de la Hamède organisait, à Saint-Paul, une grande réunion au cours de laquelle un célèbre avocat de la Cour d'appel de Paris devait prendre la parole. Je ne me sentais pas de taille à soutenir des joutes oratoires avec un tel adversaire, mais René Faure m'avait convaincu de relever le défi en m'expliquant qu'il ne pouvait le faire lui-même parce qu'il était, en quelque sorte, le promoteur de l'opération et qu'il était nécessaire que « quelqu'un du pays » en montre lui-même l'intérêt aux opposants comme aux indécis.

Je me laissai donc convaincre et me pointai à cette réunion où l'avocat parisien, le col orné d'un superbe papillon à pois, nous annonça l'apocalypse. Selon lui, aussitôt que le Centre commencerait à fonctionner, les arbres dépériraient, puis les gens et enfin toute vie végétale et animale entre Manosque et Aix.

Même si certains pensaient qu'il exagérait un peu, tous étaient impressionnés par les malheurs qu'il prédisait avec un talent oratoire qui décuplait la crédibilité de ses propos. Je me sentais moi-même sur le point de basculer et je me demandais quels arguments je pourrais lui opposer si, d'aventure, j'osais prendre la parole après lui.

Heureusement, René Faure ne m'avait pas envoyé les mains vides. Le CEA et lui étaient d'accord pour organiser le déplacement d'une délégation dans les centres qui fonctionnaient déjà à Saclay et Fontenay-aux-Roses, dans la banlieue parisienne. Il m'avait chargé de le proposer au cours de la réunion.

Lorsque l'avocat eut cessé de parler, il demanda si quelqu'un dans la salle voulait intervenir. Personne ne se pressait pour poser la première question. C'est souvent comme ça mais là c'était pire tant l'assistance était abasourdie par ce qu'elle venait d'entendre.

J'ai levé la main et il m'a fait signe que je pouvais parler. Je suis monté sur un banc. Les gens qui m'entouraient, je les connaissais tous. Je leur ai dit :

« Cet homme qui vient de vous parler, vous ne l'aviez jamais vu ? »

Ils se sont regardés, surpris par cette attitude de celui qui était leur conseiller général depuis trois ans à peine. J'ai entendu un murmure mi-interloqué, mi-approbateur.

J'ai enchaîné :

« Dès que vous serez partis, il va toucher le prix de sa prestation, va monter dans l'avion et rentrer à Paris. Vous ne le verrez jamais plus tandis que moi je serai toujours là et je reviendrai solliciter vos voix pour être réélu. Je n'ai pas intérêt à vous tromper. Alors, parce que je ne veux pas que les Parisiens s'occupent de nos affaires, je vais vous parler en provençal. »

Le provençal, ils le comprenaient tous et nombreux étaient ceux qui le parlaient entre eux, le soir à la veillée, car, en 1958, la télévision n'éclairait pas encore beaucoup de salles à manger dans le canton de Peyrolles. Pour l'avocat parisien, évidemment, ce n'était qu'un infâme patois. Je l'avais piégé.

Oh, je n'ai pas fait de révélations extraordinaires. J'ai simplement expliqué qu'il ne fallait pas prendre position trop rapidement ; qu'il était indispensable d'aller se rendre compte sur place des avantages et inconvénients. Ce discours devait correspondre à ce qu'ils attendaient. En tout cas, ils ont tous été d'accord et nous avons organisé ce voyage à Fontenay et à Saclay.

Le CEA a bien fait les choses. Nous avons rencontré des techniciens, des élus et des agriculteurs du coin et, le soir, nous étions invités aux « Follies Bergère ». Tous sont revenus rassurés. Ils avaient constaté que le nucléaire c'était autre chose que ce qu'on leur avait dit.

Les cessions de terrain se sont effectuées normalement sauf pour la marquise, qui est allée jusqu'au bout de la procédure. Comme elle l'avait fait, d'ailleurs, pour l'aménagement de la Durance. Elle a été expropriée selon la loi.

Les autres propriétaires ont été plus compréhensifs. Nous étions convenus avec René Faure qu'ils bénéficieraient de priorités d'embauche si eux ou leurs enfants souhaitaient travailler à Cadarache.

Je me demande si aujourd'hui il serait encore possible de faire démarrer deux projets aussi considérables que l'aménagement de la Durance et la construction du CEN. Sincèrement, je pense que l'on rencontrerait beaucoup plus de difficultés et il est possible que l'un ou l'autre, sinon les deux, resterait en plan. Pourtant, que serait cette région sans les 5.000 emplois de Cadarache ni les ressources hydrauliques... et financières que l'aménagement de la Durance a apporté ?

Je ne veux pas dire que tout s'est décidé à cette fameuse réunion de Saint-Paul où l'avocat parisien a été renvoyé à ses dossiers, néanmoins il est certain que l'avenir tient souvent à peu de choses : une attitude collective, une initiative opportune, une parole dite comme il faut et quand il faut...

LUCIEN WEYGAND
Un personnage unique

En 40 années de vie publique, Louis Philibert non seulement a exercé tous les mandats locaux (ce dont peu d'hommes politiques peuvent se prévaloir) mais il n'a jamais subi le moindre échec électoral, ce qui en fait un personnage à peu près unique. Sa performance prend des allures d'exception.

Du peuple il est né, du peuple il est resté toute sa vie. Il incarne la fidélité dans l'engagement, la conviction dans les idées ; il symbolise une manière simple, chaleureuse et fraternelle de faire de la politique.

Louis est convaincu, comme quelques autres, que la gestion de la Cité reste une affaire de cœur avant d'être une affaire de droit.

Comment j'ai quitté la présidence

J'ai présidé le Conseil général des Bouches-du-Rhône pendant vingt-deux ans. Je ne sais pas exactement à quoi je dois cet honneur. Peut-être au fait que je ne suis pas sectaire et que je me suis toujours efforcé de faire passer en priorité l'intérêt général.

Dans les rangs socialistes, d'autres élus auraient pu me remplacer sans problème mais le consensus s'est toujours réalisé autour de moi, sans que je le demande et sans que je mette la moindre condition à ma candidature.

Jamais je ne me suis accroché au fauteuil de président. En 1977, avant les élections municipales, Gaston Defferre, un peu gêné, m'avait fait comprendre qu'il souhaitait qu'Irma Rapuzzi, son adjointe aux Finances, puisse prochainement accéder à cette présidence. Elle faisait partie de notre assemblée depuis de nombreuses années et ses compétences étaient reconnues.

Il n'y avait qu'une façon de procéder : que le groupe socialiste du Conseil général soit d'accord et que je démissionne afin qu'elle puisse prendre ma place.

Je n'ai jamais rien refusé à Gaston, je lui devais trop. J'ai donc rédigé, à l'adresse du préfet des Bouches-du-Rhône, une lettre de démission « pour raisons de santé ». Elle n'était pas datée. Je la lui ai remise, lui laissant le soin de la transmettre au destinataire quand il le jugerait bon.

Les élections municipales ont eu lieu. Les listes de Gaston Defferre l'ont emporté largement à Marseille et Irma Rapuzzi est devenue premier adjoint de la nouvelle municipalité.

Je l'ai appris en lisant le compte rendu du conseil municipal dans « Le Provençal » mais cela ne m'a pas inspiré de réflexion particulière.

Je pensais toujours que Gaston se servirait de ma lettre après cet épisode électoral qui l'avait énormément accaparé.

Deux ou trois jours après il était au téléphone :

– Louis, je pensais que tu allais m'appeler pour me remercier !

– Pour te remercier de quoi ?

– Comment, tu n'as pas lu le journal ? Mlle Rapuzzi est premier adjoint, de ce fait il n'est pas question que j'envoie ta lettre de démission.

Finalement, j'ai démissionné en 1989 pour des raisons strictement personnelles. Je n'ai pas trop envie d'en parler, mais à cette époque, je n'avais pas le moral. Un de mes petits enfants, Michel, était en train de mourir d'un cancer, à vingt ans. Lorsque des gens venaient m'entretenir de leurs petits problèmes, je n'avais plus le cœur à les écouter. Pour un homme politique digne de ce nom, il n'y a rien de plus pénible. Je me suis toujours attaché à remplir correctement mes mandats, à rester à l'écoute (comme on dit) de mes électeurs et à me mettre en quatre pour les satisfaire lorsque leurs demandes me paraissaient justes. Là, ce n'était plus possible.

J'ai donc souhaité être remplacé.

Après en avoir parlé à mes amis du groupe, j'ai réuni le Conseil général en assemblée extraordinaire au Puy-Sainte-Réparade et j'ai dit, d'emblée, qu'il ne fallait pas insister, que j'étais fermement décidé à quitter la présidence. Nous nous sommes mis d'accord et tout s'est déroulé comme prévu.

Lucien Weygand était le premier vice-président et il réunissait de grandes compétences en de nombreuses matières, notamment dans l'aide sociale qui est le chapitre le plus important des activités du Conseil général. C'est un travailleur infatigable qui a tout pour être un excellent président. De plus, il est Marseillais et, quoiqu'il n'existe pas d'alternance prévue entre métropolitains et ruraux dans ce département dont Marseille représente la moitié du potentiel, il était normal, il était juste qu'un Marseillais devint enfin président.

Il paraît qu'il est d'usage que, lorsqu'un homme politique quitte un poste important, il obtienne quelques compensations. Ce n'a pas été le cas pour ce qui me concerne. Je n'ai rien revendiqué, rien réclamé.

Lorsque Lucien a été élu, je lui ai simplement demandé un délai d'une quinzaine pour débarrasser mon bureau. Il m'a dit qu'il n'en était pas question, que je devais le conserver ainsi que toute mon équipe. Il n'y mettait qu'une condition : que je l'aide à assumer sa présidence.

Bien entendu, j'ai accepté et je peux dire, sans forfanterie, qu'il n'y a pas beaucoup de conseillers généraux de ce département qui passent autant d'heures que moi à la Préfecture.

Durant vingt-deux ans, j'ai été un président avare. Le Département dispose d'un budget important mais pas inépuisable. En outre, les capacités contributives de ses habitants sont assez faibles et c'est pourquoi je me suis efforcé de maintenir les taux d'impositions au niveau le plus bas. En 1990, les Bouches-du-Rhône étaient, parmi les départements de plus d'un million d'habitants, celui où les taux des « quatre vieilles », c'est-à-dire la taxe d'habitation, la taxe professionnelle, le foncier bâti et non bâti, étaient les plus faibles.

Cette « avarice » est innée chez moi. Je suis venu au monde dans une famille où l'on comptait les sous l'un après l'autre et j'ai raconté la sensation étrange que j'ai eue en percevant ma première indemnité de député. Je dois dire que j'ai été à six reprises candidat aux élections législatives sans louer une seule fois un grand panneau pour y faire ma propre publicité. Cela me paraissait de l'argent jeté à la rue. J'ai toujours préféré faire ma publicité moi même, par mon travail et mon efficacité. Je crois que les électeurs y sont beaucoup plus sensibles qu'à tous ces beaux slogans que l'on voit affichés pendant les campagnes électorales.

Il est vrai que j'ai plus de quatre-vingts ans et que les temps ont beaucoup changé. Je crois qu'aujourd'hui le Conseil général a le devoir de se faire connaître, surtout dans les grandes villes où les taux d'abstention au moment des élections sont relativement élevés. Marseille a même battu le record de France de l'abstention avec un taux de près de 83% dans l'élection partielle du 2ème canton, en septembre 1993 !

Le faire savoir doit aller de pair avec le bien faire. Surtout depuis que les Régions ont été intercalées entre les Départements et l'Etat.

La région Provence-Alpes-Côte d'Azur, par exemple, a un budget « communication » élevé. On voit un peu partout de grands panneaux vantant sa participation financière à des opérations que le Conseil général a également soutenues et, souvent, plus fortement.

Il y a donc eu cette réaction logique des élus départementaux et c'est pourquoi, désormais, le long des routes, on peut voir que le Conseil général participe largement aux principales opérations publiques.

Maintenant, on peut discuter de l'opportunité de certaines campagnes publicitaires dont l'intérêt n'est pas toujours évident. Mais, là, je laisse faire les « jeunes ».

Il m'arrive de penser que je suis une sorte de phénomène. Pendant plus de quarante années passées au service de la chose publique, notamment au Puy, dont je suis le maire depuis 1953 sans interruption, j'ai réalisé une foule d'équipements que je n'ai jamais inaugurés. J'ai construit une nouvelle mairie, rénové la salle des fêtes, créé un gymnase... La commune dispose d'équipements hors de proportion avec le chiffre de sa population. Jamais je n'ai jugé utile de donner un apéritif pour célébrer une mise en service. Je dois être le seul dans le département. En revanche, j'en connais qui organisent des réceptions parce qu'ils ont repeint les portes des W.C. publics...

Le fait de disposer d'une trésorerie extrêmement saine a permis, entre autres, d'assurer le financement du nouvel Hôtel du département pour moitié sur les fonds propres.

Au moment où j'écris ces souvenirs, le nouveau bâtiment est presque achevé. Sa construction a été décidée sous ma présidence et j'estime qu'il s'agit d'une bonne opération pour Marseille et les Bouches-du-Rhône. Je ne fais pas allusion à l'architecture, toujours discutable, mais au fait que le Conseil général, sevré de la tutelle préfectorale par les lois de décentralisation signées par Gaston Defferre, va enfin disposer de locaux indépendants.

Au départ, ce sont les « jeunes » qui ont poussé pour la prise de décision. Personnellement, je n'y étais pas opposé mais, vu mon âge, je me disais que ce n'était pas vraiment mon affaire et que jamais, probablement, je n'y mettrais les pieds. Comme quoi, on ne peut jurer de rien !

Financièrement parlant, ce n'est pas une mauvaise opération malgré son coût de 900 millions de francs. Lucien Weygand a répété plusieurs fois dans ses discours que « grâce à la gestion très économe de Louis Philibert il sera payé pour moitié avec les fonds propres, sans recours à l'emprunt ».

Pour le reste, nous disposons, dans la ville, d'une ribambelle de locaux achetés au fur et à mesure pour y loger nos services ainsi que, quelquefois, ceux de l'Etat. Nous pourrons les revendre sans nous presser.

On me parle souvent de l'architecture, qui est autant controversée que le fut celle du Centre Pompidou, à Paris. C'est normal : elle lui ressemble un peu avec toutes ses structures métalliques.

Je ne la renie pas mais ma responsabilité n'est pas engagée. Au départ, il y avait soixante-dix projets émanant de cabinets installés dans plusieurs pays. La commission en a retenu trois : deux anglais et un marseillais.

Moi, comme je ne comprends pas grand chose à tout cela, si j'avais eu le choix, j'aurais pris le marseillais parce que je suis un peu cocardier. C'était déjà bien pour un marseillais pas trop connu d'arriver premier des Français.

J'espère simplement que le nouveau bâtiment sera fonctionnel et qu'on y travaillera bien.

Après tout, c'est l'essentiel !

Il y a plus de quatre ans que j'ai quitté la présidence, c'était fin 1989. Je suis persuadé d'avoir bien fait. Mon ami, le président Lucien Weygand conduit avec beaucoup de compétence et de dévouement les affaires du Département.

Avec le recul, je sais que j'ai fait un bon choix.

PIERRE GABERT
Une énorme puissance de travail

J'avais 15 ans lorsque je l'ai connu, alors que les armes de la Libération tombaient du ciel. Provençal comme lui et parlant aussi cette merveilleuse langue, j'ai beaucoup appris à son contact.

Louis Philibert est doté d'une énorme puissance de travail et d'un robuste bon sens. Mes nombreux diplômes et son certificat d'études ont fait bon ménage dans la capitale intellectuelle de la Provence.

Je me souviens de Louis, définissant un de nos adversaires, ancien recteur, comme « un homme ne sachant pas planter des salades » (alors que nous deux nous savions le faire), ce qui le désignait forcément pour être vaincu.

Cet homme de terrain a toujours été un compagnon de choix pour le géographe que je suis.

D'une élection à l'autre

Les nombreuses campagnes électorales auxquelles j'ai participé, aussi bien pour les municipales et les cantonales que pour les législatives me rappellent presque toutes au moins une anecdote que mes amis jugent truculente et qu'ils me demandent souvent de raconter. On me dit parfois que j'ai un certain talent pour le faire. En vérité, si ces petites histoires ont une valeur c'est parce qu'elles témoignent d'une culture qui est la nôtre. Ce sont nos racines provençales qui apparaissent entre les mots. Surtout lorsque ces mots sont prononcés en provençal.

Il y a très longtemps (c'était la dernière fois que Félix Gouin, l'ancien président du Conseil, était candidat à une élection dans le département), j'étais allé prendre la parole à Peypin, un village aux portes de Marseille, entre Allauch et La Bouilladisse, où l'on parle encore beaucoup la langue de Mistral. Félix Gouin y était né d'un couple d'instituteurs et il tenait beaucoup à s'y montrer comme s'il voulait se ressourcer là où il avait ses racines.

Avant de prendre la parole le premier, je lui avais dit : « Si je suis trop long, tire-moi la veste. » J'ai dû être assez bref car il ne l'a pas fait. Quand, à son tour, il a pris la parole, il s'est lancé, comme souvent, dans un savant exposé politico-philosophique sur le socialisme et sur Karl Marx. Félix Gouin était un doctrinaire et il ne ratait pas une occasion d'essayer de faire adhérer son auditoire aux grandes théories à l'origine du mouvement ouvrier.

Le lieu n'était sans doute pas très bien choisi. Les mineurs ou anciens mineurs qui emplissaient ce café enfumé auraient préféré entendre parler d'autre chose. Je m'étais assis entre deux conseillers municipaux. Celui qui était à ma gauche s'est penché devant moi pour parler à son collègue :

– Sabes qu'es aqueou Karl Marx ? (Tu sais qui c'est ce Karl Marx ?)

– N'en sabi ren. Crési qu'es un candidat poujadiste... (Je ne sais pas. Je crois que c'est un candidat poujadiste...)

Ce même jour, j'étais arrivé en avance avec Roger Carcassonne et nous nous efforcions de meubler en attendant l'arrivée de Félix Gouin, qui devait tenir la vedette. Ce n'était pas simple d'arriver à l'heure car nous tenions plusieurs réunions chaque soir dans des communes éloignées de plusieurs dizaines de kilomètres. Carcassonne était bien connu pour son humour souvent impitoyable.

Félix Gouin tardait à venir et Roger a dit devant la salle qui commençait à trépigner : « Soyez gentils camarades, nous sommes là pour vous faire patienter. »

Alors on a entendu une voix qui disait sans gentillesse : « Eh, va donc bouche-trou. »

– A la disposition de ta sœur, citoyen, a répliqué Carcassonne, aussi sec.

En 1962, pour ma première campagne des législatives, c'était l'an Deux de la Communauté économique européenne. Le Marché commun commençait à inquiéter les agriculteurs. Et, à l'exception d'Aix, ma circonscription était essentiellement agricole.

Dès ma première réunion, à Cabannes, un contradicteur est venu m'interpeller sur les fameux « montants compensatoires », la tarte à la crème de cette époque. Je savais qu'ils servaient à subventionner les produits vendus en dessous du cours normal mais mes connaissances s'arrêtaient là. C'était un peu juste pour satisfaire ce mécontent dont je devais apprendre par la suite qu'il était diplômé de l'école d'agriculture de Montpellier. Je n'avais pas d'auditeur plus fidèle que lui à chacune de mes apparitions dans les communes du canton d'Orgon. Et chaque fois il me posait la même question. Je commençais à en avoir assez...

Un soir, je crois que c'était à Saint-Andiol, il me branche pour la quatrième fois sur les montants compensatoires. Je lui fais la même réponse sommaire et je lui demande si, à mon tour, je peux lui en poser une puisqu'il est lui-même ingénieur agronome, expert en agriculture et élevage.

Il me dit qu'il n'y voit pas d'objection, alors je me lance :

– Savez-vous comment on reconnaît une ânesse en chaleur ?

L'ingénieur n'est pas le seul à se montrer surpris dans la salle. Il doit se demander si c'est bien à lui que cette question s'adresse. En tout cas, elle l'embarrasse beaucoup.

Après avoir hésité quelques secondes qui ont dû lui paraître une éternité, il se résout à me répondre non.

Alors, parce qu'il m'avait enquiquiné plusieurs soirs de suite, me faisant perdre un temps toujours précieux en période électorale, je lui dis :

– Eh bien, je le regrette pour vous. Ça prouve que vous êtes plus con qu'un âne. Parce qu'un âne, il le sait !

J'en ai une autre, aussi savoureuse, toujours à propos d'une élection cantonale. Probablement en 1961.

J'avais un excellent ami cantonnier qui incarnait la joie de vivre. Il s'appelait Jules Valence. Je le rencontre un peu avant le scrutin et je lui dis : « Cette fois, je sais que tu ne voteras pas pour moi ! »

-Pourquoi ? me demande-t-il, interloqué.

-Parce que ton fils est candidat MRP à Gardanne. Tu ne peux donc pas voter socialiste ici.

– Tu te trompes, Gardanne n'est pas Peyrolles et toi tu es mon ami, je voterai encore pour toi ainsi que ma femme et mes beaux-parents.

– Tu me le dis, mais comment pourrai-je le savoir ?

– Ecoute, nous plierons les bulletins de vote pour en faire des petits bateaux.

Je voulais bien croire mon ami Valence mais, au fond de moi même, je doutais un peu de sa sincérité. Le soir de l'élection, il était là dans la salle de la mairie pour le dépouillement. A un moment, je sors d'une enveloppe un bulletin bizarrement plié. Je reconnais un de ces petits bateaux que nous nous amusions à confectionner à l'école primaire avec les feuilles de cahier, le déplie soigneusement et constate qu'il porte mon nom.

Jules n'avait rien perdu de mes gestes. Il s'approche un peu plus de moi et me dit presque à l'oreille ces quatre mots en provençal : « L'escadro coumenço de debarca » (L'escadre commence de débarquer).

En 1967, j'avais contre moi le doyen de la Faculté de droit d'Aix, Michel Fabre. Aixois de naissance, ancien recteur de Madagascar, jeune : c'était un concurrent très sérieux.

Tous mes camarades me voyaient en grand danger d'être battu. : « Tu sais, la Faculté, c'est important ici, à Aix. Tous les professeurs vont faire campagne pour lui. »

J'étais confiant. Je leur répondais : « Les professeurs seront peut-être contre moi mais j'aurai le concours des cantonniers... et il y a beaucoup plus de cantonniers que de professeurs ! »

Il existe, en politique, un grand principe qu'il ne faut jamais perdre de vue : une voix est une voix, d'où qu'elle vienne. Dans chacun de nos villages on dit qu'il y a toujours un fada. Quelquefois il y en a même plus d'un ! Eh bien, la voix de cet électeur compte autant que celle d'un polytechnicien. Quels que soient les diplômes d'un homme ou d'une femme, lorsqu'il (ou elle) glisse son enveloppe dans l'urne, elle ne contient que sa propre voix. Et au moment du dépouillement, cette voix ne compte que pour UN.

En 1967, je faisais donc campagne comme d'habitude, c'est-à-dire en parcourant ma circonscription qui s'étendait tout au long de la rive gauche de la Durance, jusqu'à Orgon. Le maire de cette commune était un homme qui me voulait beaucoup de bien. Colonel en retraite, il était un des très rares officiers supérieurs adhérents au Parti socialiste. Malheureusement, il était âgé et malade. On l'avait hospitalisé dans une clinique et il savait qu'il était en train de mourir.

Il m'avait fait venir à son chevet avec quelques uns de ses conseillers municipaux. J'étais très ému car je l'aimais beaucoup moi aussi.

On était à quelques mois du scrutin et je me souviens qu'il a dit : « Je ne serai plus là le jour de l'élection et Philibert aura besoin d'aide. Je compte sur vous. »

Il était déjà très faible et ce fut, pour tous ceux qui étaient là, un moment d'émotion intense. J'avais les larmes aux yeux.

Effectivement, M. Reynaud est mort peu de temps après et je suis allé à son enterrement à Orgon. Il y avait la grande foule et il faisait très froid. J'étais venu avec René Faure.

La cérémonie avait duré longtemps à cause des nombreux discours, dont le mien. Il faut remarquer que les défunts sont toujours couverts de fleurs, au propre comme au figuré. A partir du moment où les hommes politiques ne gênent plus personne, leurs oraisons funèbres manquent souvent de sincérité. Ils ne font l'unanimité qu'au cimetière ! Dès qu'elle fut achevée, je suis entré dans un bar pour me réchauffer un peu. L'établissement était plein, d'hommes qui buvaient du café ou qui jouaient aux cartes. Ils m'ont rapidement reconnu car je venais souvent à Orgon pour mes permanences et j'avais probablement rendu quelques services à plusieurs d'entre eux.

Pendant que je serrais des mains amicales, un joueur de cartes a demandé, en provençal :

– Qu'es toun aversàri aquest cop ? (Qui est ton adversaire, cette fois ?)

– Li dian moussu Fabre... Es un ancian reitour.. (On lui dit Monsieur Fabre...C'est un ancien Recteur.)

– Mai qu'es aco un reitour ? (Mais qu'est-ce que c'est, un recteur ?)

– Un reitour es un ome qu'a jamai fa poussa uno salado de sa vido. (Un recteur, c'est un homme qui n'a jamais fait pousser une salade de sa vie).

Et cela se passait dans une région où l'on cultive énormément de salades !

A tous points de vue, ce M. Fabre fut le meilleur candidat que j'ai jamais rencontré. Je l'ai néanmoins battu de 21.000 voix au deuxième tour où j'avais dépassé les 67%. Ce qui n'a pas empêché que nous entretenions, par la suite, de bonnes relations. Il a été conseiller technique au ministère lorsque Fontanet était ministre de l'Education nationale. Cet échec l'avait simplement dégoûté de la politique. Il n'a jamais plus été candidat nulle part.

Il y a un autre concurrent avec lequel j'ai toujours entretenu d'excellents rapports, c'est Jean Féraud.

Je l'ai connu tout jeune. Son père était un de mes chefs lorsque je conduisais le rouleau compresseur. Souvent il amenait Jean qui prenait beaucoup de plaisir à monter sur cette étrange machine, à en toucher les manettes... et à se remplir de cambouis.

Quand j'ai réussi mon concours de cantonnier-chef, le père Féraud était mon examinateur à l'oral. Il m'avait posé cette question : « Parlez-nous de l'organisation d'un chantier de cylindrage. »

Lorsque j'eus récité cette leçon que je connaissais sur le bout des doigts, M. Féraud s'est tourné vers un autre examinateur qui s'appelait Brieugne et que je connaissais aussi. C'est lui, d'ailleurs, qui m'a rapporté cette conversation :

– Alors, Brieugne, qu'est-ce que vous en pensez ?

– C'est brillant. A mon avis, ça vaut 19 sur 20.

– Vous êtes dur. Moi, je crois que ça vaut dix-neuf et demi...

Jean Féraud fut un adversaire coriace en 1978. Je ne l'ai battu que de moins de 4.000 voix au second tour. Nous avions participé tous les deux à un face à face en public organisé par la Jeune chambre économique d'Aix. Inutile de dire qu'a priori la salle n'était pas pour moi.

Féraud avait parlé le premier. Il avait dit à peu près ceci : « Philibert, je l'aime beaucoup mais il commence à ne pas être jeune. Si je suis candidat contre lui, c'est pour lui permettre enfin d'aller se reposer. »

J'avais répondu sur le même ton : « Moi aussi j'aime beaucoup Jean Féraud. Je l'ai vu tout petit. Son père a été mon patron. Aujourd'hui, il est un si bon médecin que je ne voudrais pas priver la population d'Aix de ses éminents services. C'est pourquoi il faut que je l'empêche de gagner cette élection. »

J'ai constaté, tout au long de ma vie politique, que ceux qui entendent des discours retiennent plus facilement les drôleries, voire les bêtises que les phrases sérieuses. On peut le regretter mais c'est ainsi !

Quinze ans plus tard, on m'a reparlé de cette réunion. C'était à l'inauguration du nouveau centre des impôts d'Aix. Un professeur de faculté m'a dit : « J'étais présent le jour de votre face à face avec M. Féraud. Au début, la salle était plutôt favorable à votre adversaire mais à la fin vous en aviez retourné au moins quatre-vingts pour cent. »

Toutefois, je n'avais obtenu au second tour que 51,9% des suffrages. Heureusement pour moi, c'était suffisant.

J'ai eu la satisfaction, cette fois-là, de battre Féraud, qui était maire de Trets, dans sa propre commune. Il paraît que c'est extrêmement rare en politique : les maires étant presque toujours en tête chez eux.

Cela m'est arrivé aussi en 1973. D'abord pour l'élection cantonale où j'ai réalisé au premier tour un score de 66% à Saint-Paul-lès-Durance, commune dont le maire, Gabriel Caillat, était candidat contre moi. Cela avait porté un rude coup à son moral et à sa crédibilité. Aux municipales suivantes, j'étais allé soutenir son concurrent, Eugène Reynaud, et celui-ci avait été élu.

Toujours en 1973, mais pour la députation, j'ai battu Laurent Chazal dans sa propre commune de Meyreuil. Et huit ans plus tard, en 1981, j'ai fait de même avec Alain Joissains qui était maire d'Aix. Je suis arrivé avant lui dans sa ville.

Cela n'arrive pas souvent !

Les six campagnes que j'ai menées pour être élu six fois député à l'Assemblée nationale me paraissent aujourd'hui exaltantes. Elles fourmillent de bons souvenirs et je me dis que j'ai eu beaucoup de chance de ne jamais connaître la défaite.

Rien de comparable avec une campagne sénatoriale ! Lorsque je me suis retrouvé tête de liste pour le Parti socialiste, je n'avais rien demandé. C'était une période troublée pour la fédération des Bouches-du-Rhône. Il y avait la liste Vigouroux qui posait un véritable problème. Chez nous, il y avait cinq sortants, dont quelques uns souhaitaient se représenter. Quelqu'un dans la salle a dit : désignons Philibert. J'étais le candidat du consensus.

Nous étions en retard par rapport aux autres listes, je n'ai pas pu faire une campagne normale en visitant tous les maires du département comme c'est la règle. J'ai commencé ma tournée alors que les autres avaient pratiquement terminé la leur.

La veille j'étais au stade vélodrome pour voir l'O.M. et on m'a volé mon portefeuille avec ma carte de crédit. J'ai dû demander à ma fille de m'avancer une somme pour pouvoir démarrer. Elle m'a prêté mille francs.

C'est là que j'ai remarqué qu'une élection sénatoriale ne coûte pas cher. A la fin de ma tournée, sur les mille francs que j'avais au départ, je n'en avais dépensé que sept cents. Quand on va voir un maire le matin, il vous offre le café et les croissants ; à midi, c'est le petit déjeuner ; le soir, c'est l'apéritif ou le dîner. Comme je me déplaçais simplement avec mon chef de cabinet, les notes n'étaient pas grosses. En outre, pour le Sénat, nul besoin d'affiches ou autres publicités. On ne risque pas d'être ennuyé par la commission de contrôle. Et pour couronner le tout, on est élu pour neuf ans et même le président de la République ne peut rien contre vous. De Gaulle, qui a essayé, s'y est cassé les dents.

Au Palais du Luxembourg, on marche sur de la moquette haute laine. En cas de chute, on ne risque pas de se blesser. C'est vraiment très confortable et on a moins de travail qu'au Palais-Bourbon.

TRENTE-TROIS FOIS CANDIDAT
TRENTE-TROIS FOIS ÉLU

Louis Philibert, élections de 1947 à 1992*

19 octobre 1947 1er tour	Conseiller municipal du Puy-Ste-Réparade. Elu dernier sur la liste de M. DURAND Joachim (Socialiste).
16 avril 1953 1er tour	Conseiller municipal du Puy-Ste-Réparade. Inscrits : 778 - Exprimés : 685 Liste Socialiste d'Union Républicaine (Louis Philibert) : 514, 75% (13 élus sur 13) Liste Ouvrière d'Union Ouvrière et Paysanne (PCF) : 145
3 mai 1953	Maire du Puy-Ste-Réparade.
24 avril 1955 2e tour	Conseiller général des Bouches-du-Rhône, Canton de Peyrolles. Inscrits : 2.960 - Exprimés : 2.704 Philibert Louis (SFIO) : 1.432 52,95% Bernard Aimé (Div. droite) : 1.272 47,05%
8 mars 1959 1er tour	Maire du Puy-Ste-Réparade. Inscrits : 857 - Exprimés : 768 Liste Socialiste d'Union Républicaine d'Intérêts Communaux. (Louis Philibert) : 646 84% (13 élus sur 13) Candidat isolé Goudet Edmond : 172
4 juin 1961 1er tour	Conseiller général des Bouches-du-Rhône, Canton de Peyrolles. Inscrits : 4.289 - Exprimés : 3.098

	Philibert Louis : 2.845 91,84%
	Fieschi Pascal : 200 6,45%
	Abric Francis : 53 1,71%
25 novembre 1962	Député (9ᵉ circonscription)
2ᵉ tour	Inscrits : 69.253 - Exprimés : 49.539
	Philibert Louis (SFIO) : 25.411 51,30%
	Hostache (UNR) : 18.107 36,55%
	Vidal (Ext. Droite) : 6.021 12,15%
14 mars 1965	Maire du Puy-Ste-Réparade.
1ᵉʳ tour	Inscrits : 1.257 - Exprimés : 1.086
	Liste Socialiste d'Union Républicaine et d'In-
	térêts Communaux.
	(Louis Philibert) : 1.005 92,5% (21 élus sur 21)
12 mars 1967	Député (9ᵉ circonscription)
2ᵉ tour	Inscrits : 80.025 - Exprimés : 60.661
	Philibert Louis (FGDS) : 40.739 67,15%
	Fabre Michel (Vᵉ Rép.) : 19.992 32,85%
24 septembre 1967	Conseiller général des Bouches-du-Rhône,
1ᵉʳ tour	Canton de Peyrolles.
	Inscrits : 5.166 - Exprimés : 3.147
	Philibert Louis : 2.806 89,16%
	Fieschi Pascal : 341 10,84%
4 octobre 1967	Président du Conseil général des Bouches-
1 seul tour	du-Rhône.
	Inscrits : 34 - Votants : 34
	Philibert : 33
	Blanc : 1
30 juin 1968	Député (9ᵉ circonscription)
2ᵉ tour	Inscrits : 79.858 - Exprimés : 61.825
	Philibert Louis (FED) : 32.903 53,22%
	Hostache René (UDR) : 28.922 46,78%
18 mars 1970	Président du Conseil général des Bouches-
1 seul tour	du-Rhône.
	Votants : 23
	Philibert : 22
	Donadio : 1
14 mars 1971	Maire du Puy-Ste-Réparade.
1ᵉʳ tour	Inscrit : 1.733 - Exprimés : 1.237
	Liste Socialiste d'Union Républicaine d'Inté-
	rêts Communaux.

	(Louis Philibert) : 1.128 91% (21 élus sur 21)
11 mars 1973 2ᵉ tour	Député (9ᵉ circonscription) Inscrits : 91.698 - Exprimés : 73.174 Philibert Louis : 41.589 56,83% Chazal Laurent : 20.583 28,13% Joissains Alain : 11.002 15,04%
23 septembre 1973 1ᵉʳ tour	Conseiller général des Bouches-du-Rhône, Canton de Peyrolles. Inscrits : 5.495 - Exprimés : 3.579 Philibert Louis : 2.633 73,57% Caillat Gabriel : 515 14,39% Billot René : 431 12,04%
3 octobre 1973 1 seul tour	Président du Conseil général des Bouches- du-Rhône. Votants : 43 Philibert : 39 Donadio : 1 Ciccolini : 1 Blancs : 2
17 mars 1977 1 seul tour	Président du Conseil Général des Bouches- du-Rhône. Votants : 44 Philibert : 41 Blancs : 3
13 mars 1977 1ᵉʳ tour	Maire du Puy-Ste-Réparade. Inscrits : 2.017 - Exprimés : 1.531 Liste d'Union Républicaine d'Intérêts Com- munaux. (Louis Philibert) : 1.280 83,6% (21 élus sur 21)
19 mars 1978 2ᵉ tour	Député (9ᵉ circonscription) Inscrits : 115.906 - Exprimés : 96.762 Philibert Louis : 50.239 51,92% Feraud Jean : 46.523 48,08%
18 mars 1979 1ᵉʳ tour	Conseiller général des Bouches-du-Rhône, Canton de Peyrolles. Inscrits : 6.832 - Exprimés : 4.895 Philibert Louis (PS) : 3.281 67,02% Chabert (UDF) : 896 18,30% Tourni (PC) : 718 14,68%
28 mars 1979	Président du Conseil général des Bouches-

1 seul tour	du-Rhône.
	Votants : 37
	Philibert : 21
	Donadio : 16
21 juin 1981	Député (9ᵉ circonscription)
2ᵉ tour	Inscrits : 127.282 - Exprimés : 95.326
	Philibert Louis : 55.239 57,95%
	Joissains Alain : 40.087 42.05%
22 février 1982	Vice-Président du Conseil Régional PACA.
1 seul tour	
24 mars 1982	Président du Conseil général des Bouches-
1 seul tour	du-Rhône.
	Votants : 47
	Philibert : 37
	De Peretti : 9
	Blanc : 1
6 mars 1983	Maire du Puy-Ste-Réparade.
1ᵉʳ tour	Inscrits : 2.340 - Exprimés : 1.908
	Liste d'Union Républicaine d'Intérêt Commu-
	naux.
	(Louis Philibert) : 1.287 67,5% (23 élus sur 23)
	Liste d'Intérêt Communal (Gilbert Barras) :
	594 31,10%
10 mars 1985	Conseiller général des Bouches-du-Rhône,
1ᵉʳ tour	Canton de Peyrolles.
	Inscrits : 8.167 - Exprimés : 5.698
	Philibert Louis : 2.944 51.66%
	Ayme : 1.189 20,86%
	Causse : 1.114 19,55%
	Moutet : 451 7,93%
22 mars 1985	Président du Conseil général des Bouches-
1 seul tour	du-Rhône.
	Votants : 47
	Philibert : 31
	Gaudin : 16
16 mars 1986	Conseiller Régional de PACA.
Proportionnelle	Inscrits : 1.078.745 - Exprimés : 791.180
	Liste Pezet/Philibert (PS) : 198.345 25,06%
	Perdomo (FN) : 178.882 22,60%
	Gaudin (UDF) : 174.100 22,00%

| | Hermier (PC) : | 118.844 | 15,02% |
| | Toga (RPR) : | 68.494 | 8,65% |

7 octobre 1988
1 seul tour

Président du Conseil général des Bouches-du-Rhône.
Votants : 47
Philibert : 31
Blum : 16

12 mars 1989
1er tour

Maire du Puy-Ste-Réparade.
Inscrits : 2.864 - Exprimés : 2.241
Liste d'Union Républicaine d'Intérêts Communaux.
(Louis Philibert) : 1.435   64% (22 élus sur 27)
Liste Réussir ensemble l'Avenir du Puy
(Jean-Pierre Bertrand) : 806 36% (5 élus sur 27)

24 septembre 1989
Proportionnelle

Sénateur des Bouches-du-Rhône.

29 mars 1992
2e tour

Conseiller général des Bouches-du-Rhône,
Canton de Peyrolles.
Inscrits : 9.735 - Exprimés : 6.591
Philibert Louis :   3.427   51,99%
Long Claude :   2.077   31,52%
Durand Francis : 1.087   16,49%

(*) Extrait de la thèse présentée par M. Aldrin.

Nombre de mariages célébrés en 40 ans de mandat de Maire
du Puy-Sainte-Réparade : 365
Mariages ayant fait l'objet d'un divorce : 57
Date du premier mariage le 4.7.1953 :
GIRARD Jeannot et REYNAUD Suzette.

1953 6	1954 5	1955 4	1956 4	1957 10 2
1958 11 1	1959 6 1	1960 3	1961 9 1	1962 10 2
1963 3 1	1964 3 1	1965 7 1	1966 5	1967 12 5
1968 3	1969 15 3	1970 12 5	1971 21 2	1972 12 4
1973 12 1	1974 7	1975 8 3	1976 12 3	1977 10 4
1978 12 4	1979 7	1980 5 1	1981 5	1982 5
1983 11 1	1984 12 3	1985 9 2	1986 10 2	1987 11 2
1988 9 1	1989 16 1	1990 20	1991 12	1992 13

En réunion au Conseil général.

Avec Gaston Defferre à la foire de Marseille en septembre 1974.

*Aux côtés de Pierre Mauroy, de Félix Ciccolini et Gaston Defferre,
à Aix-en-Provence, le 12 juin 1981.*

*A Grans, 15 avril 1988, entre François Mitterrand
et Roger Carcassonne.*

*A Vitrolles lors d'un colloque, entre les deux anciens Premiers Ministres,
Pierre Mauroy et Laurent Fabius, face à Lucien Weygand, président du
Conseil général.*

Décoré de la médaille d'Officier de la Légion d'Honneur par Monsieur Pierre Somveille ancien commissaire de la République et Jean Clauzel nouveau commissaire de la République à Marseille.

Visite d'Edith Cresson le 16 septembre 1983 avec Michel Pezet et Rubens Crémieux.

Visite de Leonid Brejnev à Marseille.

Visite du fils du Président Bourghiba.

Avec Edgard Faure.

Avec Charles Pasqua.

Hôtel de Lassay, janvier 1989, entre Marius Masse, Laurent Fabius
et Lucien Weygand.

Le Conseil général des Bouches-du-Rhône en visite chez le président
de l'Assemblée nationale.

*Avec Jacques Chaban-Delmas, entre le président de la Région
et le maire de Marseille.*

*Décembre 1989, je quitte la présidence du Conseil général,
entouré de mes amis.*

LOUIS PHILIBERT ET GASTON DEFFERRE
Une amitié exemplaire

Il faut les avoir vus ensemble – comme je les ai vus pendant plusieurs années – pour mesurer ce que leur amitié avait d'exceptionnel. Ils étaient à l'opposé l'un de l'autre dans bien des domaines ; ils étaient de tempérament différents et leur milieu d'origine n'était pas le même ; de plus, ils n'avaient pas mené la même vie. Mais ils avaient en commun le goût de la simplicité, l'amour du naturel, et cela suffit à expliquer ce qui les unissait. En somme, ils parlaient le même langage et partageaient la même étonnante facilité de communication. Le parler vrai... Force majeure par les temps qui courent... On ne résistait pas plus au verbe de Gaston Defferre qu'on ne résiste à celui de Louis Philibert, et cela en dépit du fait que ni l'un ni l'autre n'étaient maîtres en l'art oratoire. Qu'importe... Gaston Defferre jadis, comme Louis Philibert aujourd'hui avaient plus de cœur que de diction et aucun des deux ne se prenait au sérieux. La langue de bois ? Ils n'en ont jamais fait usage. Mais ils savaient trouver les mots qui touchent et les moyens par lesquels on emporte l'adhésion d'un auditoire.

Et puis savoir rire !... Aimer rire, faire rire ! Une qualité qui se fait rare de nos jours. Un don que Louis Philibert possède au plus haut point et que Gaston Defferre savait apprécier. J'ai eu le rare privilège de participer avec eux à des parties de chasse, à des jours de détente, et je ne suis pas prête à les oublier. Un rire ravageur... Des échanges de plaisanteries comme un feu d'artifice... Des anecdotes savoureuses et des commentaires inattendus sur des journées historiques vécues par Gaston et racontées à son vieux copain dont les conseils lui étaient précieux. Gaston et Louis s'accordaient toujours sur l'essentiel. Ils étaient très proches l'un de l'autre. Lorsque des discussions éclataient, c'était souvent, très souvent, à l'avis de Louis que se rangeait Gaston.

En vérité, ce qu'il y avait de frappant dans cette amitié est qu'elle unissait dans la plus totale fraternité deux grands professionnels de la politique, deux hommes entièrement consacrés à leur métier mais qui, lorsqu'ils se retrouvaient, savaient parler d'autre chose, de tout et de rien, et redevenir, pendant un bref moment, deux collégiens.

Edmonde CHARLES-ROUX

Gaston

Sans Gaston Defferre ma carrière politique n'aurait pas atteint les mêmes niveaux. Je suis persuadé déjà que je n'aurais pas été député. Il a été très souvent à mon côté durant les campagnes et il m'a ouvert largement les colonnes de son journal, « Le Provençal ».

Il avait confiance en moi et moi je le respectais. Je crois que nous étions liés par une véritable amitié née dans la politique et la Résistance et qui s'est consolidée jusqu'à sa mort grâce aux liens que nous avons noués à la chasse. C'est là, à la chasse, que j'ai pu lui rendre un peu de tout ce qu'il m'a apporté en politique.

Quand nous organisions une sortie avec lui, il fallait lui montrer la liste des participants. Il était intransigeant sur ce point. Au début, je lui avais demandé pourquoi. Il m'avait répondu « Parce que je vais à la chasse pour être tranquille. Je ne veux pas entendre parler de politique ou de travail. »

Il avait été privé de ce plaisir par son père, alors qu'il était très jeune. Il m'a raconté qu'un jour, dans la propriété familiale de Marsillargues, là où il est né, il avait pris une carabine pour aller tirer des petits oiseaux, à l'insu de son père. Celui-ci, qui, en bon protestant, était très strict sur l'éducation l'avait sévèrement puni en lui interdisant de toucher à une arme. Ensuite, il avait eu autre chose à faire et ce n'est qu'à approche de la soixantaine qu'il redécouvrit la chasse. J'y fus pour quelque chose.

Gaston s'investissait à fond dans tout ce qu'il entreprenait. La chasse ne fit pas exception. A défaut de chercher à acquérir la connaissance des mœurs du gibier ou de se passionner pour le travail des chiens, il s'efforça de devenir un tireur honorable et il y parvint rapidement, de l'avis de tous ceux qui l'ont côtoyé dans ces instants.

Il y avait beaucoup de mérite car, en hiver, je me demandais souvent comment il arrivait encore à épauler son arme tant il était emmitouflé de pull-overs, de vestes et même, quelquefois, de pèlerines.

Je l'ai vu, un jour dans une battue, engoncé dans ses vestes et pull-overs habituels, le tout caché par un de ces manteaux de style britannique que l'on voit, dans les films de Sherlock Holmes, sur les épaules du célèbre docteur Watson. Eh bien, malgré tout cet accoutrement sous lequel un homme moyen aurait eu de la peine à remuer les bras, son tir était encore redoutable. Il arrêtait des faisans que nombre d'autres auraient laissé filer.

Cette adresse au-dessus de la moyenne n'était pas venue toute seule. Il l'avait cultivée. Il avait installé un ball-trap chez lui, à Saint-Antonin, et, lorsqu'il était à Paris, il lui arrivait fréquemment de faire une escapade jusque dans la vallée de Chevreuse pour tirer une centaine de cartouches sur des pigeons d'argile.

Cet entraînement intensif lui a joué un mauvais tour. Un jour d'été, où il avait tiré de nombreuses cartouches alors qu'exceptionnellement il était en chemise, il est rentré chez lui avec un large, mais heureusement superficiel, hématome à l'épaule droite. Le lendemain il était allé consulter à la Timone et la rumeur avait couru qu'il avait un sérieux problème de circulation sanguine. Bien entendu c'était faux et il avait démenti sans préciser les origines de son bobo.

Je n'ai jamais rencontré un homme aussi frileux que lui.

Dans son bureau de l'Hôtel de Ville de Marseille, il régnait, en hiver, une chaleur épouvantable que seule pouvait supporter Simone Orsoni, son fidèle chef de cabinet, aussi frileuse que lui. Les autres la supportaient également mais c'est parce qu'ils n'osaient rien dire.

Un jour il avait réuni une quarantaine de personnes et le thermomètre devait friser les quarante degrés. C'était véritablement accablant. On se sentait pris à la gorge aussitôt la porte franchie.

J'étais sans doute un des rares à lui parler franchement tout en le respectant profondément. Je ne m'en suis pas privé et il ne m'en a jamais voulu. Avant qu'il ne nous informe des motifs de cette convocation, je me suis levé et j'ai dit :

– Gaston, est-ce que tu permets que je pose une question avant de commencer ?

– Bien sûr !

– Tu te sens bien au moins ?

Il m'a regardé en souriant : « Pourquoi tu me demandes ça ? »

– Parce que ce qui compte c'est que toi tu sois bien. Si tout le monde ici crève de chaleur ça n'a pas d'importance.

Eh bien, ce ne fut pas suffisant pour qu'il ouvre les fenêtres. La réunion a débuté aussitôt et s'est poursuivie jusqu'à son terme. A huis clos. Ce qu'il y avait de bien avec Gaston c'est que ces réunions étaient toujours rapides. Il n'avait pas de temps à perdre et il allait droit au but.

Il aimait bien que je raconte des histoires. N'importe quoi pourvu que ça n'ait rien à voir avec la politique ou les affaires. Et il riait. Il a dit à quelqu'un, qui me l'a rapporté après sa mort, que je lui rappelais un peu Raimu. Là, il exagérait mais c'est vrai : j'aime bien raconter des histoires.

Quand il était à la chasse à l'étranger avec quelques amis il oubliait tout : l'Assemblée nationale, la place Beauvau, même la mairie de Marseille... Il n'y avait qu'une chose qui le tenaillait : son journal. Où qu'il soit, il l'appelait le soir avant d'aller se coucher. Il nous demandait de l'excuser un moment et nous savions tous qu'il en avait pour au moins une demi-heure. Il se faisait lire tous les titres de la première page ainsi que des pages de Marseille et, surtout, tous les articles politiques ou ceux dans lesquels il était cité.

Il aimait bien mon fils Robert qui venait souvent chasser avec nous. Il faut dire que Robert lui faisait la part plus belle que moi.

Moi, à la chasse, je ne connais pas de préséance. Même si je me trouvais à côté du Président de la République je crois que je tirerais avant lui si j'en étais capable. Avec Gaston, c'était pareil : lorsqu'un faisan tchécoslovaque ou un perdreau espagnol passait entre nous deux mon coup de feu partait souvent avant le sien et l'oiseau tombait par terre quelquefois.

Avec mon fils, c'était différent : Robert ne levait son fusil que si Gaston avait raté la cible. Mais cela ne lui arrivait pas si souvent ! Quand le chien était à l'arrêt il le prévenait, le laissait se placer et ne faisait jaillir le gibier qu'après que le maire de Marseille se fut mis en position.

Gaston Defferre était très fidèle en amitié. Surtout si cette amitié datait de la Résistance. Les divergences politiques, alors, ne comptaient plus. Exemple : Chaban-Delmas.

Je me souviens encore de l'émotion sincère du maire de Bordeaux le jour de ses obsèques, en 1986. Et aussi du discours que ce même Chaban a prononcé à Marseille pour l'inauguration de la première tranche de l'Hôtel de la Région.

Cet Hôtel avait été décidé sous la présidence de Michel Pezet et c'est Jean-Claude Gaudin qui l'a inauguré. Il avait invité Chaban-Delmas et celui-ci, pendant au moins cinq minutes a rendu hommage à Defferre qu'il avait connu pendant la Guerre et qui était son ami. Il a dit aussi quelques mots à mon égard, toujours à cause de la Résistance. A droite, on grinçait des dents : on ne l'avait pas invité pour cela !

Plus tard j'ai eu l'occasion d'en parler à Gaudin. Je lui ai dit : « Il faut que tu comprennes : il ne pouvait pas dire ce que tu as fait sous l'Occupation. Tu n'étais pas né ! »

Il est certain que ces amitiés issues de la Résistance entre des hommes qui avaient partagé les mêmes dangers, connu les mêmes émotions ne sont en rien comparables à celles qui peuvent lier des membres d'un parti politique. Il suffit de regarder comment se comportent certains socialistes ou encore certains RPR ou UDF pour le comprendre.

Et puis, la Résistance a établi de nombreuses autorités. Celle de Gaston, par exemple, n'a jamais été contestée sauf, peut-être, pendant les deux dernières années de sa vie, à partir du congrès de Fos-sur-Mer.

Moi, si je ne me suis jamais trop engagé dans l'appareil socialiste c'est parce que j'estimais qu'un élu doit s'occuper en priorité de son mandat. En revanche, je n'ai jamais remis en cause mon engagement même quand j'ai vu mes amis se déchirer entre eux comme si les attaques de leurs adversaires ne suffisaient pas.

Aujourd'hui, je les regarde faire de loin et je pense qu'ils vont arriver à se mettre d'accord. Non pas parce qu'ils renonceront de leur plein gré à ces luttes internes et stériles mais tout simplement parce qu'ils sont suffisamment intelligents pour comprendre que c'est leur intérêt et celui du Parti socialiste.

De bons militants ne font pas forcément de bons gestionnaires politiques. Dans les instances d'un parti, on discute en vase clos puis, quand on est élu et que l'on dispose du pouvoir, on se trouve confronté aux réalités. Ce n'est pas la même chose.

Il y a chez les socialistes des Bouches-du-Rhône, un homme qui possède toutes les qualités et le talent pour être à la fois un excellent premier secrétaire et un politique de premier rang, c'est Michel Pezet. Je suis un de ceux qui regrettent amèrement ce qui s'est passé en 1986.

En raison de mon âge et de mon passé, j'ai pu lui parler comme un père parlerait à son fils. Je lui ai dit qu'il devait trop à Gaston et qu'il fallait qu'il s'arrête.

Je lui ai rappelé deux cas précis :

– La fameuse réunion du cours Julien où, en quelques mots, Gaston l'a fait désigner premier secrétaire à la place de Charles-Emile Loo. Il avait dit simplement à Loo : « Tu es dans un courant minoritaire, tu ne peux donc plus diriger la Fédération ». Et il avait ajouté : « Je propose la candidature de Michel Pezet. Que ceux qui ne sont pas d'accord avec cette proposition le manifestent en levant la main. »

A mesure que son regard balayait la salle les militants mettaient tous la main à la poche, de peur de créer une confusion. Le seul qui a osé faire une petite observation fut Pierre Matraja, le maire de Sausset. Il était un des rares qui se permettaient de discuter, avant de les appliquer comme les autres, les propositions de Gaston. Par la suite, Milou en a voulu à Pezet alors que celui-ci n'y était pour rien. C'est à Gaston qu'il aurait dû s'en prendre car c'était lui et lui seul qui avait décidé et mis en place ce changement de premier secrétaire fédéral.

– Ensuite, c'est encore Gaston qui a fait nommer Michel président de la Région. Une élection d'autant plus inattendue qu'alors Pezet ne faisait même pas partie du Conseil régional. Il a fallu qu'il soit désigné par le Conseil général alors qu'il n'en était pas membre non plus. Gaston Defferre m'avait demandé de le nommer et je l'ai fait. Ce ne fut pas facile car nombre de conseillers généraux étaient candidats à ce poste. Si je n'avais pas précisé à mes collègues que c'était un souhait (c'est-à-dire un ordre) de Gaston, jamais je n'y serais parvenu.

Je ne sais pas si on peut appeler cela une « erreur de jeunesse » mais la grosse faute de Michel Pezet fut d'avoir été trop pressé. S'il était resté dans le sillage de Gaston, tout lui serait tombé dans les mains. A commencer par la mairie de Marseille. Mais il a préféré écouter ses amis.

Il a oublié que tous ceux qui ont fait comme lui se sont cassé la figure. A commencer par Daniel Matalon qui a cru qu'en s'associant aux communistes il pouvait prendre le pouvoir à Marseille.

Je regrette que ce garçon plein de talent et que j'aime beaucoup se retrouve en pleine traversée du désert. Récemment, il a encore raté le coche et je le lui ai dit. Quand Bernard Tapie lui a proposé une place sur sa liste aux « Régionales » et qu'il l'a refusée, j'estime qu'il a commis une nouvelle erreur. Quand un homme qui possède son talent oratoire refuse une tribune telle que celle-ci, il ne sert pas sa cause ni celle de son parti.

Mon camarade Bernardini, premier secrétaire de la fédération des Bouches-du-Rhône et conseiller général, s'emploie a réaliser l'union de tous les socialistes. Je lui souhaite de tout cœur de réussir, les divisions internes nous ont porté tort.

Personnellement, je n'ai signé pour aucun courant ; je me suis toujours contenté d'être socialiste. Si nous réalisons notre unité, nous pourrons aller vers de nouveaux combats, de nouvelles victoires.

Syndicalisme et Franc-maçonnerie

Je l'ai dit quelque part : mon entrée en politique a été facilitée par le fait que je sortais de la Résistance. Il est probable que si je n'avais pas participé à la guerre de l'ombre je serais resté cantonnier toute ma vie. En revanche, il est vraisemblable aussi que j'aurais pu trouver ma voie dans le syndicalisme.

J'ai commencé à militer à la CGT bien avant la guerre en tant que « délégué du parc ». C'était ainsi que l'on appelait le matériel du service vicinal, qui dépendait du Conseil général. J'avais un bureau à la Bourse du travail à Marseille. C'est là que j'ai connu Charles et Raymonde Nédelec.

En 1945, lors du premier congrès départemental de l'après-guerre, mes amis m'ont demandé de présenter ma candidature au poste de secrétaire départemental. J'ai été élu et c'est ainsi que j'ai vraiment mis le pied à l'étrier.

Je représentais les petites catégories : les ouvriers de parc, les cantonniers et les chefs-cantonniers.

A l'origine, les chauffeurs m'avaient demandé d'être leur délégué auprès de l'administration. Mon interlocuteur était le président du Conseil général, Léon Bon. Le grand problème était celui des auxiliaires qui n'étaient pas payés lorsqu'ils ne travaillaient pas et dont on semblait prendre un malin plaisir à retarder la titularisation. Moi-même j'étais entré au Service vicinal en 1929 et n'avais obtenu ma titularisation qu'en 1945. Seize ans après ! Et je n'étais pas le plus à plaindre.

Quand j'allais voir le père Bon pour lui rappeler cette revendication importante, il me répondait invariablement : « Je ne vous titularise pas parce que je vous aime bien. J'ai constaté que lorsque vous êtes auxiliaires vous n'êtes jamais malades et que vous commencez à avoir des problèmes de santé aussitôt que vous êtes titulaires. » Il avait un certain humour que les cantonniers auxiliaires n'appréciaient pas forcément à sa juste valeur !

Après la Libération, beaucoup de choses avaient changé. Quand je suis retourné à la préfecture pour présenter de nouveau cette revendication Léon Bon n'était plus président et j'ai discuté directement avec le Préfet nommé par le gouvernement provisoire. Il a signé d'un bloc la titularisation de quelque trois cents agents.

En 1947, lorsque la scission s'est opérée avec la CGT d'un côté et Force Ouvrière de l'autre, j'avais des responsabilités régionales. Je suis resté à la CGT, par fidélité. Cela m'a occasionné quelques difficultés avec la SFIO à laquelle j'avais adhéré en 1930, en revanche mes contacts avec les communistes se sont plutôt améliorés car ils m'ont toujours réservé un traitement de faveur par considération. Devenu permanent du syndicat, j'ai pu consacrer une grande partie de mon temps à la défense des intérêts de mes collègues et je suis devenu rapidement secrétaire régional puis membre du bureau national, toujours pour les petites catégories d'employés des Ponts et chaussées.

La Corse, à cette époque, n'était pas encore une région autonome. J'y allais souvent, en bateau, tenir des réunions à Ajaccio, Bastia, Corte ou Sartène.

Je pouvais très bien me livrer à ces activités tant que je n'étais que conseiller municipal du Puy-Sainte-Réparade. J'ai un peu ralenti, en 1953, lorsque je fus élu maire et j'ai tout arrêté, en 1955 en devenant conseiller général. Décemment, je ne pouvais pas tout mener de front.

Le syndicalisme m'a permis de connaître la France profonde. Je suis allé tenir des réunions dans des départements où je n'aurais jamais mis les pieds.

J'ai aussi rencontré quelques ministres, dont Jules Moch. Il me semble que ces hommes disposaient de plus de pouvoirs qu'aujourd'hui. Il faut dire que la situation était différente : il n'y avait pas de grille nationale pour les catégories de personnel. Chaque département gérait à sa convenance son propre service vicinal et je dois dire à ce propos que le nôtre n'était pas le plus mal loti. Nos cantonniers devaient à la libéralité de Léon Bon et de son conseil général d'être parmi les mieux payés de France. Mon père, cantonnier du service vicinal, gagnait plus que le directeur de l'école du Puy. Et il a pris sa retraite obligatoire à 55 ans. Je rigole aujourd'hui quand j'entends affirmer que la retraite à soixante ans ce n'est pas possible.

Lorsque la normalisation a été mise en place, seuls quatre départements étaient perdants, dont le nôtre. C'est pour ça que nous ne voulions pas être intégrés dans le cadre de l'Etat mais notre point de vue n'a pas pesé lourd face au nombre de ceux qui le souhaitaient ardemment. Si j'ose dire, nous avons été balayés.

*

* *

J'ai indiqué comment je suis devenu franc-maçon, en souvenir de mon chef dans les Ponts et chaussées, Jean Fontenaille, et à la demande d'Henri Malacrida.

Lorsque l'un ou l'autre m'envoyait en mission pendant la guerre et me donnait les nom et adresse de telle ou telle personne que je devais rencontrer dans le sud, l'est ou le centre de la France, je m'étais demandé plusieurs fois comment ils pouvaient connaître autant de monde en des lieux aussi éloignés. Je n'avais pas cherché à approfondir la question.

Pour ces déplacements hasardeux à l'intérieur de la France occupée il y avait une tactique pour prendre un minimum de risques en face des Allemands ou de la milice de Vichy. On achetait de la nourriture et, en cas de contrôle dans une gare ou sur la route, on admettait que l'on faisait un peu de marché noir. Cela n'était pas passible du peloton d'exécution ou des camps de concentration.

Une fois, ce devait être en avril 1944, Henri Malacrida m'avait envoyé en mission en Corrèze. J'arrive en gare de Tulle et je prends une chambre à l'hôtel Terminus, juste en face. Dans la ville, ça pétait de partout. Les maquisards avaient attaqué l'hôpital pour récupérer plusieurs des leurs qui y étaient soignés à la suite de combats dans les environs.

L'homme que je devais rencontrer était un grand mutilé de la guerre de 14-18, amputé des deux jambes, et qui servait de boîte aux lettres pour les maquis du coin. Il m'a fait cadeau de sa cantine d'officier, m'assurant qu'il ne s'en servirait plus et m'invitant à la remplir de victuailles faciles à se procurer avec de l'argent et quelques recommandations. J'ai acheté la moitié d'un cochon et ai embarqué la cantine dans le train.

Jusque-là, ma mission avait marché comme sur des roulettes. J'avais fait mon travail de facteur et je revenais avec de quoi faire ripaille avec les amis pendant au moins une semaine. Malheureusement, le train s'est arrêté beaucoup plus longtemps que prévu en gare de Brive et j'entendais dire sur le quai qu'il était impossible de continuer attendu que la Résistance avait fait sauter les ponts routiers et des voies ferrées dans le secteur.

Moi j'avais le temps mais la cochonnaille que je transportais donnait des signes d'impatience. En entrouvrant le couvercle de la cantine, une odeur de couenne roussie était montée à mes narines et je craignais qu'à la longue elle n'attire l'attention de quelqu'un d'autre.

Un petit groupe de cheminots s'affairaient près du convoi. Je leur ai demandé si nous allions bientôt repartir. Ils m'ont dit qu'il n'y avait aucune chance et que j'avais intérêt, dans la mesure où j'étais pressé, de retourner à Tulle et de prendre le train pour Lyon, via Saint-Germain-des-Fossés, d'où il me serait ensuite facile de poursuivre ma route. C'est ce que j'ai fait après avoir soulevé une nouvelle fois le couvercle de mon garde-manger.

Je suis arrivé à Meyrargues à 11 heures du soir pour me rendre, sans détour et comme on va aux urgences, chez mon ami Ludovic Gay, boucher de son état. Le brave homme dormait, car il n'y avait pas de télévision à l'époque et il ne put masquer la surprise qu'il éprouvait à me voir devant sa porte à une heure aussi tardive, l'air passablement épuisé et portant un énorme récipient duquel s'échappaient des odeurs qui, pour lui être familières, n'en étaient pas moins insolites.

– Ludovic, il faut que tu t'habilles tout de suite.

– Mais pourquoi ? Il y a le feu ?

– Non mais il faut faire des saucisses.

– Ça ne peut pas attendre demain ?

– Non il faut les faire tout de suite.

Et voilà comment, alors que minuit sonnait et que tout dormait au Puy-Sainte-Réparade, Ludovic Gay s'est mis à exercer son art tandis que moi, Louis Philibert, je passais la chair de ce cochon corrézien à la moulinette.

Ce brave homme de Tulle était franc-maçon tout comme Jean Fontenaille et Henri Malacrida et c'est pourquoi mes deux chefs possédaient ses coordonnées. Si Henri Malacrida ne me l'avait pas dit, en 1945, jamais je ne l'aurais su.

A la Loge, j'ai surtout appris à écouter. Aujourd'hui, je suis « dix-huitième ». C'est un échelon supérieur. Je participe à des réunions particulières où les « maîtres » ne sont pas admis. J'aurais pu devenir « vénérable » mais pour cela il aurait fallu que je réduise mes autres activités. J'ai préféré y renoncer.

Je ne crois pas que la franc-maçonnerie ait favorisé ma carrière politique. Au commencement, on m'avait posé cette question : M. Philibert, vous êtes employé aux Ponts et chaussées, croyez-vous que d'être franc-maçon va vous aider à gravir des échelons ?

J'ai répondu ceci : « Ça ne peut pas m'aider dans la mesure où je viens de réussir le concours de chef-cantonnier. Or, le grade au-dessus est celui d'ingénieur et je ne possède pas les diplômes nécessaires pour l'atteindre. Donc, tout ce que vous pourriez faire serait inopérant. J'ai mon bâton de maréchal. »

Je crois que le jury a été favorablement impressionné.

Pour ma carrière politique, il en est allé de même : je n'ai jamais dit que j'étais franc-maçon, ce qui n'empêche pas que nombreux sont ceux qui le savent.

En revanche, je ne me suis jamais camouflé. Un jour, un « frère » m'a demandé si cela ne me gênait pas de me mettre dans la chaîne à des obsèques auxquelles nous assistions ensemble. Eh bien non, cela ne me gêne pas. Je ne cherche pas à le cacher. Pourquoi, le cacherais-je ?

Comme je suis connu, il m'arrive souvent d'avoir en face de moi des gens qui veulent me faire comprendre qu'ils en sont. Il suffit d'un signe, d'une poignée de main...

C'est sûr, la franc-maçonnerie joue un rôle en politique. Je n'ai pas connu un gouvernement... ni un conseil municipal de Marseille dont elle soit absente. Je ne peux pas dire les noms mais il est évident que, peu ou prou, ces hommes ont eu une influence. De toute façon les trois mots inscrits au fronton de la République « Liberté, Egalité, Fraternité », étaient la devise des francs-maçons avant 1789.

Pour moi, un autre élément est entré en ligne de compte lorsque je me suis engagé. C'est que les Allemands, lorsqu'ils ont occupé la France, ont poursuivi en priorité les francs-maçons et les juifs. Donc, s'ils étaient contre, je ne pouvais qu'être pour.

En outre, la franc-maçonnerie n'a jamais pu se développer ni même exister sous les régimes totalitaires. Les dictateurs ne peuvent pas tolérer ses objectifs. Et réciproquement...

Dans un pays comme le nôtre, être franc-maçon n'amène ni considération supérieure ni critique systématique. Ce que je reproche à certains c'est de se comporter quelquefois comme s'ils en avaient honte. Je dis que chacun doit être fier de ses opinions à condition, bien sûr, qu'elles soient honorables. Je connais des francs-maçons catholiques, protestants, juifs... Qu'importe ?

Je ne me suis jamais caché d'être franc-maçon ni socialiste. Apparemment cela ne m'a pas porté tort.

A ce propos, il me revient une anecdote. Ce devait être en 1967 après le renouvellement de l'Assemblée nationale. Les socialistes avaient droit à deux postes de vice-président et il fallait désigner les candidats. Gaston Defferre, président du groupe, m'appelle pour me demander de faire voter le « groupe fraternel » en faveur de Francis Leenhardt. Je vais le dire à mes amis qui souhaitent que je sois candidat moi aussi.

Franchement, une vice-présidence de l'Assemblée nationale ne m'a jamais intéressé. Vous me voyez, en queue-de-morue, assis au perchoir et répondant à un honorable parlementaire qui demande l'application de l'article 58, alinéa 3 ? Je n'ai jamais lu les articles du règlement. Cela ne m'a pas empêché d'être élu député à six reprises.

Mais il y avait au « groupe fraternel » un député du nom de Beck qui s'y voyait bien. Il a dit : « Si Philibert ne veut pas être candidat, moi je le serai. »

Quand Gaston a appris sa candidature, il s'est presque mis en colère : « Qu'est-ce qu'il vient faire celui-là. Il va avoir trois voix... »

En fait, il en a eu tant qu'il a été désigné en même temps que Francis Leenhardt pour être un des deux vice-présidents socialistes de l'Assemblée. Avant que le décompte ne soit achevé, lorsque Gaston a compris que Beck allait être choisi par les socialistes, il s'est tourné vers moi et a prononcé sans sourire ces quelques mots : « C'est un coup de la carlingue... »

C'est ainsi qu'il appelait le groupe fraternel.

Quant à moi, je peux dire que j'ai refusé d'être vice-président de l'Assemblée nationale. Cela fait bien sur la carte de visite et les avantages matériels sont nombreux et de qualité. Je n'en voulais pas. Quand je montais à Paris, je n'avais qu'une hâte : en redescendre au plus tôt pour m'occuper de ma commune, de mon canton et de mon département.

C'était un programme suffisant !

La passion de ma vie

La passion de ma vie, je l'ai découverte à seize ans. C'est la chasse. Je l'ai énormément pratiquée et à quatre-vingt-deux ans je continue. Je l'aime comme au premier jour bien que mes performances aient quelque peu décliné. Mais qu'importe, lorsque je vais tirer le perdreau en Espagne, si d'autres réalisent de meilleurs tableaux que moi ?

Grâce à ma position, j'ai eu la chance d'être invité sur les meilleurs territoires, en Camargue, en Sologne, en Alsace et, surtout, dans ces véritables paradis pour chasseurs que sont les parcs de Chambord, Rambouillet ou Marly. Franchement, j'ai été gâté.

J'ai tiré la grouse en Ecosse, les faisans en Tchécoslovaquie, les perdreaux en Espagne, les pintades sauvages et les phacochères au Sénégal, les tourterelles au Maroc, les grives en Tunisie.

Par-dessus tout, j'aime chasser en Camargue. Je suis amoureux de ce territoire. Ce n'est pas formidable d'être amoureux à mon âge ! J'ai fréquenté longtemps le Canaverier, invité par la famille Malauzat ; Basse-Méjanes avec Pierre Guieu, qui est devenu un excellent ami, quoique j'aie quelque honte, en revenant du marais, à comparer ses tableaux aux miens ; enfin, la Pinède du Juge, où Paul Bec me reçoit depuis plus de trente années.

Pour un chasseur, la Camargue, c'est le paradis...

Peu après la Libération, Jean Perreaudin, mon ami et un de mes chefs pendant la Résistance, a été nommé vice-président du Conseil supérieur de la chasse. C'est à partir de là que j'ai connu Chambord. J'ai eu le privilège d'y être invité chaque année jusqu'à ce que je sois élu député en 1962.

Lorsqu'à Paris on lisait sur la liste des invités le nom de Louis Philibert, cantonnier au Puy-Sainte-Réparade, il n'y avait personne

111

pour s'en offusquer. Philibert, député socialiste, c'était autre chose. J'ai donc été immédiatement rayé et il m'a fallu du temps pour m'en remettre parce que, vraiment, j'y allais volontiers. Les années sans Chambord m'ont paru plus tristes.

En 1974, il y avait douze ans que j'en avais fait mon deuil lorsqu'une occasion s'est présentée. Je dînais avec François Mitterrand, Pierre Mauroy et Gaston Defferre, un soir pendant la campagne pour les élections présidentielles. Nous parlions de l'avenir, des chances que Mitterrand avait d'être président et de ce que nous envisagions pour le cas où...

Gaston, déjà, avait une grande idée en tête : la Décentralisation. Il s'en était ouvert à Mitterrand, lui disant qu'il voudrait bien être ministre de l'Intérieur afin de mettre en place cette réforme. Il a dû attendre encore sept ans...

Moi, je n'ai rien demandé. Sauf une petite chose : d'être nommé au Conseil supérieur de la chasse. C'était une requête vraiment dérisoire à adresser à un futur (et éventuel) Président de la République. Tout de suite après l'avoir présentée, je me demandais si François Mitterrand l'avait enregistrée.

Quelle ne fut pas ma surprise (et ma joie) en 1981 lorsque je reçus avis de cette nomination à laquelle j'avais cessé de penser.

François Mitterrand n'avait rien oublié. Entre le premier et le deuxième conseil des ministres de son premier septennat, il avait appelé le ministre de l'Environnement, Michel Crépeau, pour lui demander de prendre l'arrêté me nommant au CSC. Il se souvenait que sept ans auparavant je le lui avais demandé. Cela m'avait beaucoup touché.

Je conserve deux souvenirs insolites de Chambord. Le premier concerne l'ex-empereur d'Ethiopie, que l'on appelait le Négus. Il participait à une battue au gros gibier et il y avait eu un fâcheux incident dont il n'était en rien coupable : un rabatteur avait été touché par un tireur posté qui l'avait pris pour un gibier malgré sa blouse blanche. Le malheureux était blessé et on l'emportait sur une civière. C'est alors que le Négus a dit : Je ne savais pas qu'on pouvait les tirer ceux-là, j'en ai vu passer plusieurs, j'aurais pu les tuer facilement...

Atroce mais authentique !

Une autre fois, lors d'une battue organisée pour la région cynégétique de Provence, un garagiste vauclusien dont j'ai oublié le nom faisait partie des invités. On nous avait recommandé de ne tirer que les sangliers et, éventuellement, les renards, à l'exclusion absolue des cerfs et biches, qui pullulaient pourtant dans l'enclos.

A un moment, un magnifique cerf est passé, transportant majestueusement sa ramure. Il ne ressemblait pas du tout à un sanglier. Mon voisin, le garagiste, devait avoir le soleil dans les yeux car je l'ai vu lever son fusil et tirer à deux reprises sur l'animal que, par bonheur, il a manqué.

Comme nous avions déjà échangé quelques mots en provençal, je lui ai demandé un peu hypocritement :

– E tu qu'as tira un senglié ? (Est-ce toi qui as tiré un sanglier ?)

– Vo, mai de senglié coume aco n'en avieu jamai vist... Avié un parèu de bano qu'es pas de dire ! (Oui, mais de sanglier comme celui-là je n'en avais jamais vu... Il avait une paire de cornes que je ne peux décrire !

J'avais un excellent ami, qui avait participé à la collecte des parachutages au temps de la Résistance, Emile Arbaud. Il avait fait la preuve maintes fois qu'il ne manquait pas de courage mais c'était un chasseur de première. A mon avis, il était le plus grand tueur de sangliers de toute la région, il en avait occis plusieurs centaines et, si on lui avait demandé des comptes, il aurait pu les donner avec précision car il notait soigneusement ses tableaux de chasse sur un cahier d'écolier.

Un soir, il arrive chez moi, au Puy, l'air passablement ennuyé. Sans y aller par quatre chemins car ce n'était pas son genre, il me dit en provençal : « Cette fois, je me suis fait prendre ».

Ces quelques mots résumaient bien la situation : Arbaud, qui avait si souvent déjoué la vigilance des gardes fédéraux avait fini par tomber dans le piège. Il en était tout penaud et s'en voulait surtout à lui-même pour n'avoir pas été assez dégourdi cette fois, qui était loin d'être la première.

Je le connaissais tellement bien que j'en fus étonné moi-même :

– Comment un chasseur comme toi (je n'ai pas dit braconnier !) a-t-il pu se laisser attraper ?

– Es que, aro, courre mens lèu que li gardo. (C'est parce que, maintenant, je cours moins vite que les gardes.)

Eh oui, Arbaud, qui avait toujours eu de bonnes jambes avait vieilli lui aussi. Désormais, il ne s'échappait plus assez vite. C'était bien dommage car son cas était sérieux. Tout était contre lui : il avait été pris en flagrant délit, de nuit, en période de chasse prohibée, dans la réserve de Cadarache et, pour couronner le tout, il utilisait des chevrotines au lieu de balles. Un méchant dossier, même pour le meilleur des avocats.

Tout espoir de voir les gardes fédéraux abandonner les poursuites devenait utopique et, entre nous, je pensais que ce brave Arbaud, quelle que soit l'amitié qui nous liait, méritait pour le moins un avertissement.

Je lui ai expliqué qu'il n'était pas question d'intervenir auprès de la Fédération des chasseurs, laquelle d'ailleurs n'en aurait tenu aucun compte, mais qu'en revanche, parce que c'était lui, je lui fournirai un avocat qui plaiderait gratuitement en sa faveur. Encore que, en cette occasion, il ne pouvait que plaider coupable.

J'ai donc demandé à Michel Pezet de plaider pour Arbaud.

« D'accord, me dit Michel, mais que ton ami m'écrive une lettre pour me le demander. Ainsi, je pourrai avoir accès au dossier. »

Quelques semaines plus tard, dossier en main, il m'appelle à son tour :

– Que veux-tu que je plaide, il a tout contre lui ?

– Viens me voir, nous aviserons.

En effet, on ne pouvait imaginer pire dossier. Outre les éléments objectifs relevés par les gardes, il était écrit en toutes lettres que mon ami Arbaud était « un braconnier notoire ». Cela m'a donné une idée.

J'ai dit à Michel voilà ce que tu vas faire. Tu commenceras par tresser des louanges aux gardes, ces vigilants et efficaces défenseurs des lois et règlements cynégétiques. Quand tu les auras bien couverts de fleurs, tu t'étonneras qu'avec cette immense compétence ils aient attendu qu'Arbaud ait 65 ans pour enfin le pincer. Comme c'était la première fois qu'il se faisait prendre, l'accusation de « braconnier notoire » ne pouvait pas être prouvée.

Ainsi fut fait. Le talent de Michel Pezet aidant, Arbaud ne fut condamné qu'à 300 francs d'amende, ce qui, à mon sens, était une mesure de grande clémence. Ce n'est pas ainsi qu'il l'entendit car, à peine sorti du tribunal, il me téléphona pour me dire qu'il avait été « salé » et qu'il serait peut-être utile de faire appel !

J'ai essayé, en vain, de le persuader du contraire. Sans aller toutefois jusqu'à lui dire que j'avais moi-même fait part au président du tribunal de son comportement pendant la Résistance. A cette époque, j'entretenais des relations assez suivies avec la magistrature parce que j'étais en train d'acquérir au nom du Conseil général la clinique la Renaissance afin d'y installer une annexe du tribunal. Finalement, à bout d'arguments, j'ai offert à mon ami de lui payer son amende mais il a refusé catégoriquement. Il avait sa fierté.

Quelques mois après, je suis allé prendre la parole à Saint-Paul-lès-Durance avec Michel Pezet dans le cadre d'une campagne électorale. Emile Arbaud était au premier rang et il semblait s'intéresser beaucoup à ce que nous disions. A la fin de la réunion, il s'est avancé vers Michel et lui a tendu un volumineux paquet enveloppé dans Le Provençal de la veille :

– Maître, je vous ai apporté quelque chose.

Pendant que Michel saisissait avec précaution le présent, j'ai demandé à Emile ce que cachait cette rustique enveloppe.

– Que ié dounes ? (Que lui donnes-tu ?)

– Ho, es une cueisso de sanglié. Crese qu'aquesto fes me sieu pas engana ! (C'est un cuissot de sanglier. Cette fois, ils ne m'ont pas attrapé.)

MICHEL CHARASSE
Une exceptionnelle réussite

J'ai vite compris que Louis ne serait jamais lâché par ses électeurs. Après 24 ans de députation, il estimait avoir droit à un peu de répit, c'était sans compter sur ce qu'il représente dans son département, sur son ascendant politique et son exceptionnelle réussite à la tête du Conseil général. C'est ainsi qu'il a dû accepter le poste de sénateur offert par ses amis.

Après avoir été 18 ans son collaborateur, je siège à côté de lui au Palais du Luxembourg. Je l'y trouve toujours plein de verve et de bon sens, définitivement fidèle aux combats de sa jeunesse ainsi qu'à l'un de ses maîtres, qui fut aussi le mien : Gaston Defferre.

Sa longévité politique dans un département aussi difficile témoigne de ses exceptionnelles qualités.

Charles, Gaston, Michel et les autres...

A mon arrivée à l'Assemblée nationale, en 1962, j'ai été accueilli par Eugène Montel, député, président du Conseil général de la Haute-Garonne. Il avait été jugé à Riom au côté de Léon Blum, sous le gouvernement de Vichy. Il m'avait accompagné partout où des formalités étaient nécessaires pour les nouveaux venus : remise de documents, attribution d'un placard, etc... Ensuite, il m'avait amené dans un bureau où j'ai dû décliner devant une secrétaire mon identité complète et mon curriculum vitae.

Elle m'a aussi demandé la liste de mes diplômes !

J'ai dit : Certificat d'études primaires.

– Et après ?

– Après, plus rien...

– Ce n'est pas beaucoup. Heureusement, vous rétablissez bien l'équilibre grâce à vos décorations.

– Mais pourquoi toutes ces questions ?

– C'est pour rédiger votre éloge funèbre au cas où vous viendriez à décéder en cours de mandat !

Cette dernière précision avait jeté un froid entre nous. Et pourtant je ne suis pas superstitieux !

Par chance, les présidents qui se sont succédé à la tête de l'Assemblée n'ont pas eu à ouvrir mon dossier durant mes vingt-quatre années de présence.

C'est toujours ça de pris.

En sortant de là, pour me rendre dans l'hémicycle, je croise André Boulloche, que j'avais déjà rencontré lorsque j'étais délégué syndical. Lui était ingénieur général des Ponts et chaussées. Il me reconnaît et me lance un amical « Salut les Ponts ». Je lui renvoie son bonjour sans m'arrêter car nous étions pressés tous les deux et un autre député qui avait tout entendu me demande : « Vous étiez ingénieur général vous aussi ? »

Non, lui dis-je, moi j'étais cantonnier !

Tant à Paris que dans les Bouches-du-Rhône j'ai connu des centaines d'hommes politiques de tous les niveaux et de toutes tendances. Certains ont été, à un moment donné, mes adversaires mais je crois pouvoir dire qu'aucun n'a jamais été mon ennemi. Pas plus parmi ceux que j'ai dû combattre pour être élu que ceux avec lesquels je siégeais et qui n'étaient pas du même bord.

Ici, par exemple, j'ai toujours entretenu des rapports très amicaux avec Jean-Claude Gaudin. Je sais qu'il m'aime bien lui aussi. Dans un livre qu'il a publié mais dont j'ai oublié le titre il a écrit ces quelques mots à mon sujet : « Je ne connais qu'un défaut à Louis Philibert, c'est d'être socialiste ».

Ce n'est pas pour autant que je vais passer à droite mais ce jugement me paraît sympathique venant d'un homme comme lui.

C'est pareil avec Charles Pasqua. Je l'ai connu à Marseille quand il travaillait pour Paul Ricard. Il a l'accent pagnolesque, un peu comme moi. On s'est toujours tutoyés et lorsque nous nous rencontrons, plutôt que de nous serrer la main, nous nous embrassons. Quelquefois, cela peut surprendre.

En 1987, quand il était ministre de l'Intérieur pour la première fois, il est venu à Valabre visiter les services de lutte contre les feux de forêts. J'étais présent en ma qualité de président du Conseil général. Quand il est descendu de son hélicoptère, au moins trois cents personnes l'attendaient en rang d'oignon. Eh bien, on aurait dit qu'il n'avait vu que moi : il s'est avancé en ouvrant les bras et il m'a dit « Louis, on s'embrasse. »

Je ne sais pas si j'ai raison mais je suis comme ça et je ne changerai plus : quand j'ai connu quelqu'un et que je l'ai tutoyé, je ne peux plus revenir en arrière. Je suis incapable de lui dire « vous » quelles que soient les circonstances de notre nouvelle rencontre ou de faire comme si je ne l'avais jamais vu.

Avec les socialistes, c'est la même chose. Quand Pierre Joxe a été élu député la première fois, en 1973, nous étions dans l'opposition et à l'étroit dans nos bureaux. Il a partagé celui que j'occupais déjà avec mon ami Jean Masse. Autant Masse et moi nous nous ressemblions, autant lui il était autre. « Jeannot » l'avait remarqué. Il m'a dit :

« Il est bien ce jeune ». Et nous avons toujours entretenu d'excellentes relations.

Et Philippe Séguin. En 1962, il n'avait pas encore vingt ans et il faisait ses études à la faculté d'Aix-en-Provence. Gaston Defferre lui avait demandé d'écrire quelques articles politiques pour l'édition aixoise du Provençal. Il est même allé plus loin puisqu'il a fait campagne pour moi aux « législatives » de 62 et pour Félix Ciccolini aux « municipales » de 65. C'était un jeune militant dévoué. Il collait même des affiches. Puis, il a réussi le concours de l'ENA et il a quitté Aix. Je l'ai revu des années après lorsqu'il a été élu député des Vosges à la place de Christian Poncelet, passé au Sénat. Il avait pris quelques kilos.

Nous nous sommes embrassés et je lui ai demandé comment il se retrouvait au RPR alors que je l'avais connu socialiste.

Il m'a répondu : « Ah, si je m'étais présenté à Epinal avec l'étiquette socialiste je n'aurais probablement pas été élu. »

Je l'ai revu plus récemment au congrès de Versailles pour la modification de la Constitution : notre rencontre a été très chaleureuse. Depuis qu'il est devenu une personnalité nationale, je suis de près sa carrière. C'est un homme courageux qui dit ce qu'il pense contrairement à d'autres qui disent ce qu'ils croient que l'on attend d'eux. Ça, c'est une qualité que j'apprécie.

J'ai eu un autre collaborateur qui est devenu célèbre : Paul Quilès. Il était venu habiter Aix après être sorti de Polytechnique. Il avait obtenu son premier poste à Shell-Berre. Une de ses filles est née à Aix.

Une ribambelle d'années après, quand il était ministre de l'Equipement, il m'a remis la médaille d'honneur des Ponts et chaussées.

Il y a un personnage qui m'a toujours étonné et qui est très controversé car on l'aime ou on le déteste, c'est Michel Charasse. Il est arrivé en même temps que moi à l'Assemblée nationale, en 1962. La seule différence est que j'étais député et lui secrétaire de trois parlementaires socialistes qui s'étaient rassemblés pour s'attacher ses services. Le jeune Charasse tapait à la machine à la vitesse d'une dactylo professionnelle. Je le regardais et je m'émerveillais qu'un homme fut capable d'autant de dextérité.

Gaston Defferre aussi l'avait remarqué car Charasse assistait aux réunions du groupe socialiste. Il souhaitait l'avoir à son secrétariat et il m'avait chargé d'en parler à ses trois employeurs qui étaient de mes amis. Ils ont accepté de bon cœur, heureux de permettre à Michel d'assurer sa promotion.

Cela a duré jusqu'en 1981 et à l'élection de François Mitterrand à la Présidence de la République. Car Mitterrand, alors qu'il était Premier secrétaire du Parti socialiste avait, à son tour, remarqué ce jeune attaché parlementaire dont chacun, au groupe, se plaisait à souligner l'intelligence et la compétence.

Le nouveau Président fit donc contacter Charasse à qui il proposa un poste de chargé de mission à l'Elysée. Charasse a d'abord refusé car il avait pris l'engagement d'aller chez Gaston Defferre, au ministère de l'Intérieur. Finalement, c'est à la demande personnelle de Gaston qu'il a accepté la proposition de Mitterrand. Depuis, il a toujours disposé d'un bureau à l'Elysée, même lorsqu'il fut ministre du Budget, de 1988 à 1993. C'est un événement suffisamment rare pour être signalé.

En 1981, Charasse était suppléant de Roger Quillot, sénateur du Puy-de-Dôme, qui allait devenir ministre du Logement de Pierre Mauroy. C'est ainsi qu'il devint sénateur.

Comme Gaston à qui il vouait une admiration fidèle, il s'est pris de passion pour la chasse. C'est là que je continue à le voir deux ou trois fois par an.

Il y a quelque chose que je dois ajouter à propos de Gaston Defferre : peu de ministres ont marqué comme lui leur passage dans des gouvernements. Il est l'auteur de deux grandes lois-cadres dont l'importance est unanimement reconnue.

Sous la IVe République, il a jeté les bases de la décolonisation, permettant aux pays d'Afrique noire de recouvrer leur indépendance sans violence ni effusion de sang.

Sous la Ve, il a fait voter la décentralisation qui est, à mon avis, le texte législatif le plus important de ces cinquante dernières années.

Je me souviens qu'il jugeait anormal que, dans les départements, le pouvoir exécutif soit détenu par des préfets irresponsables devant le corps électoral. Il a fait en sorte qu'il revienne aux élus locaux, qui ne sont pas parfaits certes, mais que les électeurs peuvent sanctionner à la moindre incartade.

J'ai eu la chance d'être président du Conseil général des Bouches-du-Rhône lorsque les lois Defferre ont été promulguées et, par conséquent, de me voir conférer le pouvoir exécutif au niveau du département. J'avais voté les textes de la Décentralisation à l'Assemblée nationale, entre 1982 et 1986, leur application m'a donné énormément de travail. Gaston Defferre, élu des Bouches-du-Rhône voulait que ce département soit exemplaire à cet égard et il m'avait demandé d'y veiller avec un soin particulier. A cet effet, j'ai organisé de très nombreuses réunions tripartites : Conseil général, Préfecture, organisations syndicales. J'étais assisté de trois remarquables chefs de service : Eugène Minot, secrétaire général du Conseil général, Claude Reynouard, directeur de mon cabinet et actuellement secrétaire général de la Ville d'Aix-en-Provence, et Claude Langevin, directeur général, aujourd'hui préfet du Lot. Si la décentralisation a été réussie dans les Bouches-du-Rhône, tous ceux-là y sont pour beaucoup.

Je ne prendrai qu'un exemple : les collèges. Avant 1986, l'Etat, qui était maître d'ouvrage, en construisait un tous les deux ans dans les Bouches-du-Rhône. Depuis que nous sommes responsables, le rythme a changé : nous sommes passés à trois par an. Cela fait six fois plus.

Dernièrement, nous avons décidé de rénover une vingtaine d'établissements à structure métallique, type Pailleron.

Gaston était très fier de cette œuvre. Il m'avait dit : « Louis, tu verras quand nous aurons perdu la majorité la Droite reviendra sur un certain nombre de dispositions que nous aurons prises mais elle ne remettra pas en cause la Décentralisation. »

Il ne s'était pas trompé.

C'est vrai que la décentralisation des moyens n'a pas toujours suivi celle des pouvoirs. Ces collèges que nous construisons, il faut les payer comme tout le reste. Mais si nous les construisons c'est parce qu'ils répondent à des besoins. Je suis de ceux qui pensent qu'il vaut mieux augmenter un peu la pression fiscale que de trop endetter une commune ou un département en recourant à l'emprunt d'une manière immodérée.

Quand j'ai quitté la présidence du Conseil général, les Bouches-du-Rhône faisaient partie des départements les moins endettés. Il en est de même pour ma commune du Puy-Sainte-Réparade où j'ai cessé toute forme d'emprunt depuis 1986, c'est-à-dire, depuis que le taux de l'inflation est passé sous celui des intérêts des prêts.

D'une manière générale je ne plains pas ceux qui paient des impôts. Je plains plutôt ceux qui sont exonérés parce qu'ils sont pauvres ou ne disposent pas de revenus suffisants.

Pour ce qui me concerne, je n'ai pas payé d'impôt sur le revenu jusqu'en 1962, année où j'ai été élu député. Avec ma femme à la maison et deux enfants, mon salaire de cantonnier puis de cantonnier-chef me laissait nettement sous la barre. Depuis 1962, je paie des impôts mais j'en ai les moyens. Je ne suis donc pas à plaindre et ne me plains pas ! Je plains simplement ceux qui n'en paient pas en déclarant honnêtement leurs revenus !

La fiscalité locale est totalement différente. Bien qu'elle soit régie par la loi, elle est injuste. Certaines communes pourraient, à la limite, se dispenser de percevoir la taxe d'habitation tant elles reçoivent de la taxe professionnelle payée par les entreprises. Il y a bien un écrêtement mais il est insuffisant. Nous en parlons souvent entre maires mais les avis sont partagés.

J'ai connu dans la Résistance un homme qui a au moins aussi bien réussi que moi dans son domaine : Raphaël Chiapetta. Comme moi, il travaillait à la ferme de la Garde chez M. Saint-Marc mais alors que j'étais ouvrier agricole, lui il était cocher. Il conduisait la voiture à chevaux dans laquelle M. Saint-Marc se rendait à toutes les expositions de la région. Et elles étaient nombreuses déjà à cette époque.

D'origine italienne, comme son nom l'indique, Chiapetta était pratiquement illettré mais loin d'être sot. Il avait même un goût prononcé pour les arts. Il profitait de ses déplacements avec le patron pour s'initier à la peinture et aux belles choses. Au point qu'il est devenu un des plus grands experts et que sa renommée a non seulement dépassé les limites de la Provence mais aussi celles de la France. Il est arrivé à se faire reconnaître au plan international.

Valéry Giscard d'Estaing n'achetait jamais un tableau ou une œuvre d'art sans avoir pris l'avis de Raphaël Chiapetta. Je le rencontrais souvent dans l'avion quand je montais à Paris et nous parlions en provençal comme nous en avions l'habitude :

– Alors, Raphaeu, ounte vas ? (Où vas-tu, Raphaël ?)

– Vau veire Giscard. (Je vais voir Giscard).

Chiapetta a longtemps présidé la foire des Antiquaires, au parc Rambot, à Aix. Une année, pour l'inauguration, alors que nous marchions côte à côte, parlant toujours en provençal, un journaliste s'est approché de lui et lui a fait part de son étonnement :

– Comment, M. Chiapetta, vous tutoyez le président du Conseil général !

Il a répondu en provençal :

– Aven fa li memis estudi, sian pas sourti de l'escolo de Chartres. (Nous avons fait les mêmes études. Nous ne sortons pas de l'école de Chartres).

Et, un peu plus loin, alors que plusieurs personnes s'extasiaient devant un tableau, Raphaël a indiqué que l'auteur était un Aixois, chose qu'apparemment tout le monde ignorait. Et comme les admirateurs soulignaient les mérites de l'artiste, il a cru bon d'ajouter cette petite phrase : « Daumage que sa reputacioun ague pas despassa lou pont de l'Arc », (Dommage que sa réputation n'ait pas dépassé le Pont de l'Arc ! »)

Quand le marquis de Saporta est décédé, c'est lui qui a été chargé de l'inventaire du mobilier et des œuvres d'art. Je l'avais rencontré à ce moment-là et lui avais demandé comment il s'y prenait pour rédiger ses rapports.

Il m'avait dit : « Aro, ai embaucha uno secretàri qu'a lou baccalauréat. » (Maintenant, j'ai embauché une secrétaire qui possède le baccalauréat).

A propos du marquis de Saporta, il me revient une autre anecdote. C'est au sujet de la Reine mère d'Angleterre, la reine Mary. Elle était venue pour une visite d'agrément en Provence, à l'invitation du marquis, que je connaissais bien et que j'avais en estime. J'avais été invité au déjeuner en ma qualité de parlementaire et président du Conseil général. C'était un honneur, évidemment, mais je craignais de me sentir un peu dépaysé au milieu d'un parterre très aristocratique. Il y avait notamment le prince de Polignac et quelques marquis et barons, peut-être même des comtes et vicomtes... J'avoue humblement que je me perds un peu dans la hiérarchie de la noblesse. Autant, dans l'armée française, je sais qu'un colonel est audessus d'un commandant, lequel est plus qu'un capitaine, autant je suis incapable de dire qui a préséance entre un marquis et un baron.

Je n'étais pas inquiet mais presque. Mes amis me chambraient gentiment en m'annonçant que je devrais pratiquer le baise-main !

J'avais fait un semblant de répétition avec mes secrétaires et je me trouvais ridicule. C'est alors que je me suis dit : Moi, baiser la main d'une femme ? Jamais ! Je ne l'ai pas encore fait et ce n'est pas demain la veille. D'abord, on ne fait bien que ce que l'on sait faire et dans ce domaine je suis totalement ignorant.

Au dîner, nous n'étions qu'une poignée à ne pas avoir de sang bleu. Il y avait le préfet Cousin et son épouse, Jacques Mazel et son épouse et moi. Cela ne nous a pas coupé l'appétit !

Après le repas, le marquis de Saporta a voulu faire planter un arbre dans le parc pour marquer cet événement : ce n'est pas tous les jours que l'on reçoit la reine mère d'Angleterre. Pour ce genre de sport je me sentais bien plus à l'aise. La pelle et la pioche, ça me connaît ! Je me suis donc proposé pour faire le trou et nous avons mis en terre un cèdre bleu qui est devenu magnifique.

Je ne sais pas ce que la reine Mary a rapporté à sa fille, la reine Elisabeth, mais celle-ci est venue à son tour en Provence quelque temps après, accompagnée de son mari, le duc d'Edimbourg, et de leur héritier, le prince Charles. Philip a fait du cheval en Camargue pendant que la reine visitait Arles et, le soir, tous ont couché à l'Oustaü de Baumanière.

A cette époque, Charles, qui n'était pas encore marié, faisait son service militaire dans la Royal Navy et son navire était en escale à Toulon. C'est pour ça qu'il avait pu rejoindre ses parents à Arles.

J'étais assis à côté de lui pour les repas à La Regalido, à Font-vieille et nous avons sympathisé tout de suite. Je lui ai plusieurs fois servi à boire et il m'a rendu royalement la politesse. Nous étions tous les deux joyeux d'être ensemble. Il y avait une énorme corbeille de fraises et je me souviens qu'il m'a dit : « Ah, si je pouvais l'apporter à mes copains sur le bateau, ils en seraient ravis ! » Et cela fut fait.

Je lui ai raconté quelques histoires qui l'ont fait rire et il paraît que, lorsque nous nous sommes quittés, je lui aurais dit « Donnez bien le bonjour à mémé ! »

Je ne garantis pas l'authenticité de cette petite phrase. Il est possible que je l'aie prononcée mais je n'en suis pas sûr. Pourtant, j'ai deux ou trois bons amis qui sont prêts à le certifier. J'aurais donc mauvaise grâce à la renier. De toute façon, la reine Mary est bien la grand-mère du prince Charles et c'est parce que je les aime bien tous les deux que j'ai dû me laisser aller à cette familiarité que l'on peut trouver déplacée en vertu du protocole. Mais ce repas à La Regalido n'était pas à proprement parler un déjeuner officiel !

A propos de dîners officiels, Gaston Defferre, au temps où il était ministre de l'Intérieur, m'avait invité place Beauvau avec le maire d'Aix, qui était De Perretti, et le directeur du Festival Mozart. Au moment du dessert, celui-ci m'avait chaleureusement remercié des subventions qu'au nom du Conseil général j'allouais régulièrement à ce Festival dont le succès n'est plus à démontrer puisqu'il attire chaque année des mélomanes de nombreux pays.

Je lui avais répondu en plaisantant que j'avais d'autant plus de mérite que je n'étais pas à proprement parler un connaisseur éclairé de la musique de Wolfgang Amadeus ! Ma dernière apparition au Festival remontait à une représentation de Pelléas et Mélisande et ce soir-là je m'étais franchement ennuyé. Cela dit sans vouloir froisser le moins du monde le sympathique directeur. J'étais en compagnie de l'ancien ministre du général de Gaulle, Louis Joxe, qui paraissait à peine plus à l'aise que moi.

Je me souviens du personnage principal qui était une femme. Elle toussait beaucoup dès le début de la représentation et je m'étais dit que l'opéra s'arrêterait en même temps que sa toux. Au deuxième acte, je n'en pouvais plus. Au troisième, je ne résistai au sommeil que dans l'espoir que ce serait le dernier mais hélas il y en avait cinq !

A la fin du quatrième, la malade était toujours debout, grâce sans doute à l'intervention d'un médecin. L'issue fatale n'intervint qu'au suivant, le cinquième et fort heureusement dernier acte.

Certes, mon avis en la matière n'a pas grande valeur puisque, je l'ai dit, la grande musique et moi sommes comme deux étrangers. Néanmoins, j'ai constaté en parcourant régulièrement les programmes que Pelléas et Mélisande n'a plus jamais été à l'affiche du Festival d'Aix. Peut-être qu'en définitive mes goûts ne sont pas si originaux qu'il m'est arrivé de le penser !

Le directeur du Festival ne m'en a pas voulu de cette franchise. Et Gaston Defferre lui-même, qui aurait pu s'en offusquer puisqu'il était notre hôte à tous les deux, a tenu à dire en guise de conclusion qu'il appréciait particulièrement les gens qui ne cherchaient pas à dissimuler leurs sentiments pour des raisons de convenance.

Son propos m'avait réconforté.

Il est possible qu'une certaine forme de « culture » me fasse défaut. Il m'arrive, en effet, de me sentir peu à mon aise dans des réunions où, pourtant, je m'efforce de faire bonne figure.

Ma culture à moi est provençale. J'adore voir les Arlésiennes dans leur costume traditionnel. J'aime par-dessus tout l'huile d'olive et l'aïoli. Chaque année, quand je vais au moulin de La Fare faire ma provision, je pense à ces vers de Mistral :

Naoutres, en bouns Prouvençaous
Au suffragi universaou
Vautaren per l'oli
Et fairen l'aïoli.

(Nous, en bons Provençaux, au suffrage universel, nous voterons pour l'huile et ferons l'aïoli).

Temps de crise

Quand je me retrouve seul dans ma petite maison de la Cride, qui domine le Puy, il m'arrive de penser au département des Bouches-du-Rhône tel que je l'ai connu et tel qu'il s'est transformé au fil des années. Et aux actions que j'ai menées, avec d'autres, pour accompagner ou accélérer ce mouvement inexorable que l'on appelle « le progrès ».

Aujourd'hui, par exemple, chaque commune de quelque importance possède sa zone industrielle ou artisanale, ou bien en a une en projet. Ce n'était pas le cas après la guerre où seules Marseille, Aix, Martigues, Arles et La Ciotat possédaient une activité liée à la transformation des matières premières ou à la construction. Les autres communes vivaient essentiellement de l'agriculture.

Le grand chambardement a commencé dans les années 50 et je dois dire que le Conseil général y a été pour quelque chose puisque deux de mes éminents collègues, Denis Padovani et Armand Audibert furent à l'origine de la première grande zone industrielle des temps modernes dans les Bouches-du-Rhône, celle de Vitrolles.

Vitrolles, après la guerre n'était qu'un petit village niché à l'ombre de son rocher. On y voyait décoller quelques rares avions de l'aéroport qui portait encore le nom de Marignane et les chasseurs locaux allaient tirer les alouettes au cul-levé le long des pistes.

Padovani et Audibert avaient remarqué qu'il y avait, entre Vitrolles et Marignane d'immenses terrains en jachère auxquels on n'attachait pratiquement aucune valeur alors qu'ils étaient idéalement placés près de l'aéroport et très aisément raccordables à la voie ferrée ainsi qu'à l'autoroute qui existait depuis peu. Ils avaient créé un organisme dépendant directement du Conseil général, la Société provençale d'équipement (SPE), dont Armand Audibert devait être le premier président. Objectif : aménager cette fameuse zone industrielle de Vitrolles qui devait servir, dans un premier temps, à désengorger Marseille de certaines activités nuisibles et polluantes ou encore d'ateliers qui n'avaient plus leur place à l'intérieur de la grande ville.

Lorsque Armand Audibert est décédé, je lui ai succédé. La tâche, alors, n'était pas difficile : pour tout terrain disponible, nous disposions de plusieurs candidats. Nous nous efforcions de choisir le meilleur, c'est-à-dire celui qui présentait les plus sérieuses garanties et qui s'engageait à créer le plus grand nombre d'emplois. Les temps ont bien changé depuis cette époque d'expansion tous azimuts.

Félix Ciccolini était mon suppléant lorsque j'ai été élu député en 1962 et lorsqu'il est devenu maire d'Aix, cinq ans plus tard, il a tenu une promesse qu'il avait faite lors de la campagne électorale, à savoir créer la zone industrielle d'Aix-Les Milles. Bien entendu, je l'ai aidé. Car si Félix Ciccolini a eu la chance d'obtenir rapidement la cession d'une trentaine d'hectares, les finances de la commune ne permettaient pas d'engager les travaux de viabilité nécessaires au lancement d'une zone industrielle d'envergure. J'ai réuni le Conseil général pour qu'il accorde un prêt sans intérêt à la Ville d'Aix et c'est ainsi que l'opération a pu démarrer. Le premier client fut le Centre d'études techniques de l'Equipement (CETE). Beaucoup d'autres ont suivi.

La zone d'Aix-Les Milles n'a cessé de s'agrandir et si, aujourd'hui, la municipalité aixoise est relativement à l'aise pour établir ses budgets elle le doit en grande partie à cette réalisation que l'on peut considérer comme exemplaire. Les taxes professionnelles constituent une importante source de revenus et je ne parle pas des milliers d'emplois.

En outre, cette diversification des activités est une assurance pour l'avenir. Il est très dangereux pour une ville de s'appuyer sur une seule industrie. Je pense, ici, à La Ciotat pour qui la fermeture des Chantiers a été une véritable tragédie.

En dehors de ces quelques grands pôles que sont Vitrolles, Aubagne, Aix, nous avons créé, avec la SPE beaucoup d'autres zones de moindre importance, à Châteauneuf, à Arles, à Lambesc, Berre, Plan-d'Orgon... Il y en a même une au Puy-Sainte-Réparade. Elle n'est pas très grande, seulement sept hectares, mais elle nous est bien utile et nous sommes heureux de l'avoir.

L'emplacement joue énormément dans le succès. On ne peut pas dire qu'un maire soit plus dégourdi qu'un autre parce que sa zone industrielle est mieux remplie. Les chefs d'entreprises attachent une grande importance aux communications et les premiers qui s'installent attirent les suivants.

Bien sûr, c'était plus facile dans les années 60 ou 70 qu'aujourd'hui où la crise frappe tout le monde. Les grands projets se font plus rares et, lorsqu'il y en a qui nous concernent, ils sont souvent l'objet de vives contestations.

Le TGV, par exemple ! Quand je vois les oppositions qu'il suscite, je pense à l'aménagement de la Durance qu'E.D.F. a réalisé il y a plus de trente ans. Il avait nécessité plus de quatre cents expropriations rien que dans le canton de Peyrolles ! Si on voulait le faire dans les années 90, sans doute ce serait plus difficile. Peut-être on ne le pourrait plus. De même pour le Centre d'études nucléaires de Cadarache !

Même le plateau de l'Arbois a ses adversaires. Un peu comme Padovani et Audibert avaient songé à Vitrolles, moi j'ai imaginé l'Arbois en m'y promenant avec mon fusil et mon chien. Mon ami Pierre Merli, le maire d'Antibes, avait loué ce territoire et j'y chassais avec lui. C'est un triangle de quatre ou cinq mille hectares, admirablement bien placé entre Marseille, Vitrolles et Aix. Il y a l'aéroport, l'autoroute, bientôt sans doute une gare du TGV... C'est l'idéal pour ce que l'on appelle un « Europôle ». Je me disais : il faudra y faire quelque chose.

Ce sera plus difficile qu'il y a trente ans mais la difficulté ne doit pas être un obstacle, au contraire il faudra déployer plus d'énergie. Déjà, il y a des gens qui contestent. C'est leur droit, il n'empêche que j'en suis navré. Quand j'entends qu'il faut arrêter le projet parce que ça risque de gêner un couple d'aigles de Bonelli qui y ont élu domicile, je crois rêver.

C'est tellement facile de manifester dans la rue quand on a une situation ! Il faut penser aussi à ceux qui n'ont pas de boulot...

Et La Ciotat ! Voilà une affaire bien complexe dans laquelle, pourtant, le comportement du Conseil général a été fort clair. Je l'ai vécue péniblement avec la fâcheuse impression que les protagonistes ne disaient pas toujours tout ce qu'ils avaient à dire. Je me souviens d'une réunion dans le bureau de Chérèque. Nous étions là avec le maire de La Ciotat, Lafond, et le représentant du Conseil régional, Geiger, afin de signer une convention pour l'utilisation du site. Le Département et la Région devaient participer au capital à hauteur de 8% chacun, l'Etat et la Ville se partageant le reste. J'ai signé sous réserve de l'approbation du Conseil général. L'approbation a été donnée : nous avons voté les crédits correspondants et nous n'avons plus entendu parler de rien. J'étais furieux. J'ai écrit à Chérèque une lettre qu'il n'a pas cru bon de publier dans la presse... et pour cause.

Le Département est propriétaire des terrains sans les avoir achetés ; ils lui sont tombés du ciel dans le cadre de la Décentralisation. La seule condition était qu'ils soient utilisés à des activités industrielles liées à la mer. Un beau jour, j'ai vu entrer dans mon bureau le patron de la banque Worms me disant qu'il était mandaté pour acheter l'outillage des Chantiers.

De toute évidence, c'était une solution qui facilitait toutes les tergiversations : le Département était maître du sol, l'Etat, par l'intermédiaire de la banque Worms, possédait l'outillage. Or, les terrains n'étaient rien sans l'outillage et inversement. Jusqu'au jour où, pendant la campagne des élections régionales de 1992, le Premier ministre, Pierre Bérégovoy, a autorisé le Conseil général à racheter l'outillage. A partir de ce moment, le Département avait tous les éléments en main mais il n'était pas de sa compétence de se proclamer constructeur naval. Il fallait trouver un industriel fiable.

Je regrette d'avoir à le dire mais, personnellement, je n'ai jamais pris au sérieux les déclarations de la Lexmar. On savait dans le monde entier que les Chantiers de La Ciotat étaient à reprendre. Croyez-moi, si ça avait été une bonne affaire il y aurait eu une foule de candidats. Or, il n'y en a pas eu un seul à l'exception de la Lexmar. Mais, en dehors de plusieurs conférences de presse, tonitruantes mais creuses, qu'a apporté la Lexmar ? Rien du tout.

Ses porte-parole ont répété sans cesse que la société n'avait pas besoin de subventions, qu'elle était capable de se financer toute seule, qu'elle pouvait démarrer tout de suite. Hélas, quand elle a enfin disposé du terrain et de l'outillage, pourquoi n'a-t-elle pas bougé ?

Ce qui me navre c'est que cet énorme potentiel demeure inutilisé. S'il est vraiment possible de relancer la construction navale, eh bien que quelqu'un le fasse puisqu'il dispose, si j'ose dire, du pain et du couteau. Si, au contraire, c'est impossible, alors que l'on accepte que ces terrains, extraordinairement bien situés, servent à autre chose, pourvu qu'il s'agisse d'installations industrielles liées à la mer... C'est aussi simple que cela !

Mais, je le répète : si, alors que le Conseil général peut mettre à la disposition d'un éventuel repreneur le terrain et l'outillage, il ne se présente toujours personne, il est mauvais d'entretenir l'illusion. Je dirai même que c'est malhonnête.

La crise que traverse actuellement l'agriculture est, à mon sens, la plus grave de toutes celles qu'elle a connues depuis que j'ai été élu député pour la première fois, en 1962. C'est-à-dire depuis l'ouverture du Marché commun.

Les références sont nombreuses, je me contenterai d'une seule. Dans la circonscription dont j'ai été le représentant à l'Assemblée nationale et qui s'étend sur la rive gauche de la Durance, de Saint-Paul à Cabannes, les terrains agricoles trouvaient assez facilement preneur aux alentours de 80.000 francs l'hectare. C'était il y a vingt-cinq, trente ans. Aujourd'hui les prix ont baissé jusqu'à 30.000 francs l'hectare et les acquéreurs ne se bousculent pas.

L'agriculture n'attire plus personne : c'est un métier trop dur pour une rentabilité trop faible. Les charges fixes ont considérablement augmenté (prix des engrais, de l'eau, du matériel mécanique indispensable) alors que, sur les marchés, les prix des produits ont plutôt régressé en francs constants.

J'ai connu la période où les grands centres agro-alimentaires de Barbier-Dauphin et A.B.C. prospéraient et entraînaient dans leur sillage toute la plaine de Peyrolles. Il y a eu les tomates, puis les pommes de terre, les carottes... Ces temps sont révolus. Ceux qui restent en sont à se demander : mais que vais-je bien pouvoir planter pour être assuré de le vendre ?

Certains rapports de productivité ont considérablement évolué alors que d'autres sont demeurés inchangés. En l'espace de cinquante ans, le blé est passé de 2,5 à 5 tonnes à l'hectare et même davantage. C'est pareil pour le maïs, qui atteint jusqu'à 12 tonnes. On doit ces progressions à la sélection des semences. En revanche, pour les pommes de terre, on ne fait guère mieux qu'avant : toujours 30 tonnes à l'hectare. C'est ce qui explique que l'on en cultive moins au profit, notamment, du maïs. Le problème est que lorsque la productivité s'accroît les prix diminuent. C'est une spirale infernale.

Les propriétaires terriens ne sont pas seuls à souffrir. Ayant commencé comme ouvrier agricole, je sais que la mécanisation n'est pas seule en cause dans la diminution des besoins de main-d'œuvre. Lorsqu'on fait de la culture intensive, il faut beaucoup plus de bras que, par exemple, pour la culture extensive du maïs et des céréales.

Comment les jeunes pourraient-ils encore être attirés ?

C'est un véritable gâchis parce qu'ici les agriculteurs ont le savoir-faire et cette science finira par se perdre faute de pouvoir être transmise comme elle l'a été jusqu'à aujourd'hui.

Voici à peine un quart de siècle, il y avait encore dans le canton de Peyrolles quatre caves coopératives vinicoles. Toutes ont disparu à l'exception de celle du Puy-Sainte-Réparade, qui continue à recevoir le raisin au moment des vendanges mais n'assure plus la vinification qui se fait, désormais, à Venelles.

On arrive à ce paradoxe qu'après que nous ayons apporté, grâce au Canal de Provence, une solution satisfaisante au problème majeur de l'agriculture provençale, qui était le manque d'eau pour l'irrigation, cette même agriculture est menacée comme elle ne l'a jamais été ! La seule consolation est de se dire que, sans les travaux colossaux effectués à partir du barrage de Serre-Ponçon, la situation serait réellement dramatique. Peut-être même n'y aurait-il plus d'agriculture du tout !

Le ministre de l'Agriculture a donc eu une très heureuse initiative en finançant la réserve de 200 millions de mètres cubes de Serre-Ponçon !

Certes, le mécontentement agricole ne date pas d'hier. En 1970, des affrontements sévères avaient opposé, sur les rives de la Durance, les paysans aux CRS. Plusieurs manifestants, dont mon gendre, Robert Long, avaient été condamnés à des peines de prison avec sursis.

Et, à cette occasion, mon épouse, Lucienne, avait écrit sur « La révolte de nos paysans » ces vers empreints d'une grande sensibilité que j'aime encore relire :

LA RÉVOLTE DE NOS PAYSANS

Dans la campagne provençale
La révolte vient d'exploser !...
Entre Peyrolles et Meyrargues
C'est le jeudi quatre juillet !

Bravo ! Bravo ! Chers paysans
Ce n'était pas la rigolade
Sur la route, O délinquants
Vous avez fait la promenade

Pour le prix des pommes de terre
Des tomates et pour vos fruits
Vos tracteurs se sont mis en guerre
Et votre marche a fait grand bruit !

Pour se défendre il faut oser !
L'on se groupe l'on se consulte
En meetings, ou assemblées
C'est le présage de la lutte.

Notre état qui n'est pas merveille...
Pour vous donner contentement
A toujours fait la sourde oreille,
Ce coquin... de gouvernement...

Mais le malin avec adresse
Pour vous faire taper dessus
Vous envoie les C.R.S....
Et leurs modèles de vertu !

Oh, métier, métier de galère
Aux durs exploits parfois sanglants
Il faut se battre entre frères
Toujours, toujours, pour de l'argent !...

Ils sont venus sans crier gare...
Le geste doux et caressant...
Et provoquer, eux, la bagarre
Vous maltraiter indignement !

La République, bonne fille
Tout simplement pour vous calmer
D'une manière... fort gentille...
Donna ordre de bastonner !

Je dis cela sans grande crainte
Que la matraque, de nos jours
N'est pas, hélas, chose que feinte
Car elle joue... des mauvais tours !

Honnêtes gens... ce n'est pas drôle !
On peut, toujours, évidemment
Pour pas grand-chose, aller en taule...
Ah, bien triste gouvernement !...

Oh, je me moque du ministère
Et vous adresse mes compliments
Car je suis fille de la terre
Bravo ! Bravo, nos paysans !

Oh, laboureurs de notre France
Bien modestes ou très importants
Que l'avenir vous porte chance
Car votre rôle sur la terre
Est le plus noble, et le plus grand !

Lucienne PHILIBERT-MARIANI

Quand je suis devenu président du Conseil général, en 1967, Marseille représentait plus de la moitié du département, tant en population qu'en richesse. Vingt-cinq ans après, le rapport était complètement inversé et, s'il est vrai que la crise sévit partout et touche toutes les communes, Marseille est plus touchée que les autres. En tout cas si l'on ne considère que le département des Bouches-du-Rhône.

Les raisons sont certainement très nombreuses. Ce qui surprend lorsqu'on s'efforce d'analyser objectivement la situation de Marseille c'est qu'elle est une des très rares métropoles à avoir vu sa population diminuer fortement. Elle frisait le million dans les années 60, elle est à moins de 800.000 aujourd'hui.

Je crois que le déclin a commencé avec l'exode massif des entreprises vers les zones industrielles de la périphérie : Vitrolles, Aix et

Aubagne notamment. Les usines, les ateliers, les entrepôts étaient mal vus à Marseille, comme dans la plupart des villes, parce qu'ils apportaient beaucoup de nuisances. Les Marseillais les ont laissés partir sans verser de larmes et, quand ils ont enfin compris que cette hémorragie était la cause principale de leur soudaine anémie, ils ont cherché à réagir mais il était un peu tard.

Une communauté urbaine englobant Aubagne, Vitrolles, voire Aix et les communes de l'Etang de Berre aurait constitué un palliatif mais il aurait fallu la créer avant que ces communes n'accueillent les entreprises émigrant de Marseille. Après, ce n'était plus possible : les communes ne sont jamais trop riches. En tout cas pas pour partager avec une autre vingt fois plus grande et deux fois plus pauvre. Ce comportement n'est pas étonnant : au contraire, il est très « humain ». Comme les individus, les communes riches rechignent à partager avec les pauvres.

Marseille a donc perdu nombre de ses entreprises et n'en a pas vu arriver beaucoup d'autres. Pendant ce temps, Aubagne, Vitrolles, Aix ont vu leurs zones d'accueil d'entreprises prospérer et, par corollaire, leurs populations augmenter.

J'ai connu Aix à 45.000 habitants, elle en a 140.000 aujourd'hui ! Même ma commune du Puy, qui ne comptait que 1.100 âmes lorsque j'ai été élu maire, en 1953, en a 5.000 maintenant.

Or, quand une commune voit partir ses entreprises et sa population, elle voit diminuer, du même coup, ses ressources : taxe professionnelle et taxe d'habitation.

Lorsque je rencontrais mes collègues présidents de Conseils généraux du Nord, de Gironde, du Rhône, ils me disaient que leurs départements n'aidaient pas (ou simplement très peu) la métropole. Est-ce parce que Lille, Bordeaux et Lyon font partie d'une communauté urbaine ? C'est possible. En tout cas, je peux dire que le département des Bouches-du-Rhône a toujours beaucoup aidé et aide de plus en plus Marseille.

Les Marseillais, par exemple, croient, dans leur grande majorité, que c'est la Ville qui a financé seule les grands hôpitaux comme La Timone ou l'Hôpital Nord. Eh bien, je peux dire aujourd'hui que déduction faite des participations de l'Etat et de la Sécurité sociale, le Département a pris en charge la moitié de la part qui restait à la Ville. J'ajoute que contrairement à ce qui se passe ailleurs le département des Bouches-du-Rhône reçoit moins de son chef-lieu que celui-ci ne reçoit de lui !

Heureusement, la situation financière du département me paraît meilleure que celle de Marseille.

A mon avis, le renouveau de Marseille ne peut passer que par son port. Cette ville a tout pour être la tête de pont privilégiée de l'Europe pour le trafic avec l'Afrique du Nord. Certes, elle est concurrencée par Barcelone et Gênes mais elle doit réussir.

Je ne peux pas conclure ces réflexions à bâtons rompus sans dire un mot de Bernard Tapie. Je suis sans doute un des rares hommes politiques dont l'opinion n'a pas varié. Le 6 juin 1993, on m'a questionné à son sujet au micro d'Europe 1. Ce que j'ai dit ce jour-là, je le pense encore malgré l'acharnement dont il est l'objet depuis cette date.

Qu'on le veuille ou non, c'est un homme qui a réussi.

D'abord, dans les affaires. Ses détracteurs disent qu'il achète des entreprises en difficulté et prétendent que c'est facile. Je leur réponds simplement : puisque c'est facile, pourquoi ne le faites-vous pas ?

Ensuite en politique. Il a été élu deux fois député à Marseille, dans des circonscriptions où les candidats de Gauche ne se bousculaient pas. Ensuite, aux Régionales, sa liste a battu celle de Gaudin dans les Bouches-du-Rhône et ce n'était pas à la portée de tout le monde. D'autant plus que les soutiens qui lui ont été apportés n'étaient pas toujours très francs. De plus, il a été ministre mais ce n'est pas le plus difficile dans la mesure où on est choisi par un chef de gouvernement.

Enfin, à la tête de l'Olympique de Marseille, il a fait ce qu'aucun président n'avait réussi avant lui. A la demande de Gaston Defferre, il a pris le club alors qu'il se trouvait en mauvaise posture et il en a fait un grand d'Europe avec cinq titres consécutifs de champion de France, une finale perdue et une autre gagnée de la coupe d'Europe des clubs champions. Tout cela en six ans.

On dit qu'il a de la chance mais quand la chance dure depuis vingt ans, il faut inventer un autre mot. Pour moi, Tapie est un phénomène : quand vous êtes avec lui en avion, c'est lui qui pilote ; en hélicoptère aussi et à la barre de son quatre-mâts. Et surtout, il vaut mieux ne pas lui donner un micro.

En 1992, pour les Régionales, il m'a demandé d'être sur sa liste. J'ai accepté à la condition d'être en dernière position. Ça signifiait quoi ? Que j'étais avec lui mais que je ne souhaitais pas être élu. A mon âge, être maire, conseiller général et sénateur, j'estime que c'est largement suffisant !

On me demande souvent si je serai avec lui pour les municipales de 1995 s'il est candidat à la mairie de Marseille. Je réponds invariablement oui, mais à l'unique condition qu'il soit soutenu par le Parti socialiste.

C'est ma règle de conduite depuis toujours. Je n'ai pas l'intention de la modifier à mon âge !

MICHEL ROCARD
Continuité et ténacité

Parti dans la vie avec le plus modeste des bagages, tu es arrivé aux responsabilités départementales suprêmes que tu as exercées pendant bien des années avec le respect de tous tes partenaires et l'admiration de tes amis.

Trente-trois campagnes électorales sans une défaite, c'est un très rare record.

Tout cela s'explique par la continuité et la ténacité dont tu as fait preuve dans la vie militante. Et c'est par la vie militante que tu as conquis bien des savoirs et beaucoup d'expérience.

J'ai été très sensible à l'amitié que tu m'as toujours montrée depuis longtemps.

En mon âme et conscience

Je suis un fervent partisan de l'application de la peine de mort parce que j'estime qu'il y a des hommes qui commettent des forfaits tellement dégueulasses qu'il faut les empêcher à tout jamais de recommencer.

Lorsqu'il s'est agi de voter pour ou contre à l'Assemblée nationale nous avons longuement discuté au groupe socialiste car les députés étaient partagés. Personnellement, je réclamais la liberté de vote mais je ne l'ai pas obtenue. Ensuite, je n'étais pas présent au moment du scrutin et ce sont mes camarades qui ont appuyé sur le bouton à ma place.

Pour moi, l'abolition de la peine de mort est l'exemple le plus flagrant d'une décision prise contre la volonté du peuple. Aucun gouvernement ne s'y est risqué et ce n'est pas demain qu'un autre s'y résoudra, mais je suis sûr que si l'on organisait un référendum sur le sujet il y aurait au moins soixante pour cent des Français qui se prononceraient en faveur de la peine de mort.

Certes, j'ai voté l'abolition volontairement ou pas puisque le groupe socialiste en avait décidé ainsi. Pour me démarquer, il eût fallu que je démissionne du P.S., que je renonce à un engagement politique pris dans ma jeunesse et auquel je suis toujours resté fidèle. C'était impossible.

Aujourd'hui, je pense encore que nous avons commis une erreur. Le législateur aurait dû prévoir des exceptions pour un certain nombre de cas bien précis comme par exemple les viols et assassinats d'enfants. Je rappelle d'ailleurs que Gaston Defferre lui-même a demandé peu de temps après que la peine de mort soit rétablie pour les grands trafiquants de drogue.

Pour ma part, si j'étais encore député et si le débat revenait devant la Chambre, je pense que, cette fois, je voterais en faveur du rétablissement. J'ai beaucoup réfléchi à ce sujet depuis l'abolition et, à mon âge, rien ne me ferait changer d'idée.

Aucune autre grande réforme ne m'a posé un tel cas de conscience. C'est ainsi que j'ai approuvé à fond la libéralisation de l'avortement. Avant cette loi, les riches allaient se faire avorter en Suisse ou en Angleterre dans des cliniques cossues tandis que les autres devaient souvent se faire trafiquer par des médecins véreux ou par des charlatans. C'était une discrimination insupportable. La loi Veil a établi enfin l'égalité.

Il m'est arrivé aussi quelquefois de ne pas être entièrement convaincu de la nécessité de certains textes que mon parti me demandait de voter. En particulier pour le budget de la Défense. Je pensais à toutes les routes, tous les hôpitaux, toutes les écoles que l'on pourrait construire avec cet argent. Je les votais cependant parce qu'il y avait au P.S. des spécialistes mieux informés que moi sur le sujet et qui me présentaient des arguments valables. Quand on est député, on ne peut pas tout ramener à soi. Et puis, surtout, il y a des choses que, forcément, on ignore. Il faut écouter et chercher à comprendre.

Cela me rappelle un peu les années 30 et Munich. On a beaucoup reproché après coup aux gouvernements d'avant la guerre, notamment au Parti radical, d'avoir laissé faire Hitler et négligé l'armement de la France. Moi je me souviens qu'en 1938, lorsque Daladier est revenu de Munich, il a été accueilli par un enthousiasme délirant. Les cloches carillonnaient partout ; c'était la liesse populaire. Et parmi ceux qui se réjouissaient, qui tressaient des louanges au président du Conseil, il y avait ceux qui allaient le critiquer le plus sévèrement par la suite. Après la capitulation, si Daladier avait eu l'idée d'organiser un référendum pour voir si les Français approuvaient sa politique, il aurait remporté un succès fou. Le référendum se serait transformé en plébiscite. Et pourtant...

Pendant l'Occupation, lorsque le maréchal Pétain a acheté le château de Vauvenargues, il est venu à Aix faire une visite officielle. Eh bien, dans presque toutes les vitrines il y avait sa photo en couleur ! C'est dans ces mêmes vitrines et au même emplacement que, quelques années plus tard, au lendemain de la Libération, on pouvait voir la photo du général de Gaulle !

Le peuple aime bien aller vers les vainqueurs. C'est comme après une élection : à entendre les gens que je rencontre, tout le monde a voté Philibert. C'est à se demander où sont passés ceux qui ont voté pour mes adversaires !

Je suis né et j'ai grandi en Provence, j'aime cette région et c'est pourquoi j'ai compris l'état d'esprit des Rapatriés lorsqu'ils sont arrivés sur le sol métropolitain à partir de 1962, certains même un peu avant.

Ils ont été déracinés et je me suis mis à leur place. C'est comme si moi j'avais été obligé d'aller vivre à Lille ou à Metz.

A l'époque, le préfet s'appelait Haas-Picard. Il m'avait dit : « J'ai des crédits spéciaux. Accepteriez-vous que l'on construise au Puy-Sainte-Réparade des HLM exclusivement réservés aux Rapatriés ? »

J'ai accepté et n'en ai jamais eu de regret. Les soixante-quatre familles de pieds-noirs qui sont venues s'installer au Puy se sont parfaitement intégrées à la population et certainement beaucoup mieux que celles qui, par la suite, sont arrivées de la région parisienne. J'en ai toujours eu un ou deux dans le conseil municipal, leurs jeunes se sont mariés avec les jeunes du pays, leurs garçons ont joué dans l'équipe de football : il n'y a jamais eu le moindre problème. Je les ai aidés et ils me l'ont rendu.

D'autres maires ont éprouvé quelques difficultés. Gaston Defferre, à Marseille, avait reçu des menaces de mort de la part des anciens de l'O.A.S. et il y avait un tel afflux de Rapatriés dans sa ville qu'il en est résulté quelques incompréhensions au début. Je me souviens qu'avec quelques camarades nous allions garder sa maison la nuit, quand il habitait au Roucas-Blanc, traverse Nicolas. Ensuite, tout a pris sa place et Gaston Defferre a été aimé par une majorité de pieds-noirs qui ont compris à leur tour qu'il avait fait le maximum, en sa qualité de maire, pour les aider à se loger.

La famille

J'ai affirmé plusieurs fois, en égrenant ces souvenirs, que je ne suis pas sectaire. Je ne dois pas y avoir grand mérite car l'absence de sectarisme est une longue tradition familiale. Chez les Philibert comme chez les Bourillon (c'était le nom de ma mère), les hommes ont toujours été républicains et libres penseurs tandis que les femmes allaient à l'église et s'occupaient des bonnes œuvres autant que leurs modestes moyens le leur permettaient. Ces alliances, a priori explosives, auraient pu se révéler éphémères, or il n'en a rien été. Elles n'ont jamais produit de divorces.

Je n'ai connu ni l'un ni l'autre de mes grands-pères et j'étais bien jeune quand mes deux grand-mères ont disparu mais j'ai toujours entendu dire par mes parents qu'ils formaient deux couples très unis malgré cette différence de comportement vis-à-vis de la religion et de la spiritualité.

Auguste Philibert, mon grand-père paternel était fermier à Vauclaire (commune de Meyrargues) et il labourait la terre pendant qu'Isidorine élevait ses huit enfants, six filles et deux garçons. Malheureusement Auguste est mort très jeune et ma grand-mère s'est trouvée veuve beaucoup trop tôt.

Les Bourillon étaient boulangers à Meyrargues.

Mon père, Benjamin, et ma mère, Blanche, ont poursuivi dans cette voie toute tracée. Ils ont eu la joie de me voir député. Pour eux, pour mon père surtout, ce fut extraordinaire. La veille de sa mort, en 1963, je m'étais rendu à son chevet avant de prendre l'avion pour Paris où je devais aller siéger à l'Assemblée nationale. Il était malade et il savait qu'il n'en avait pas pour longtemps. Il m'avait fait ses recommandations : « Tu sais que je ne veux pas de curé à mon enterrement. Tout ce que je te demande, puisque vous ne perdrez pas de temps à l'église, c'est de faire un arrêt d'une minute devant la Mairie en allant au cimetière, parce que la Mairie c'est la maison de la République. »

Le lendemain, un télégramme m'apprenait sa mort.

Avec Lucienne, ma femme, nous avons vécu cinquante-deux ans sur ce modèle. Nous nous sommes mariés en 1935 alors que j'étais un modeste cantonnier et elle m'a quitté le 1er janvier 1987 sans avoir profité le moins du monde de mon ascension sociale. Elle m'avait connu cantonnier et elle n'aspirait à rien d'autre. Les honneurs, la facilité : tout cela la laissait indifférente. C'était un autre monde que le sien. Un monde qui ne l'intéressait pas. Jamais elle n'a profité des avantages de ma situation. Elle était heureuse pour moi mais ne voulait rien pour elle. Elle a toujours été très courageuse et avait aussi participé à la Résistance.

Cela peut paraître incroyable mais ici au Puy tout le monde sait que c'est vrai. Dans ma maison, il n'y a jamais eu de poste de radio. Encore moins de télévision. Jamais de machine à laver le linge ni la vaisselle ! Lucienne disait toujours que le progrès nous porterait tort. Elle n'a pas voulu voir mon bureau au Conseil général, ni celui de l'Assemblée nationale.

Elle était d'une santé délicate et ce confort lui aurait fait du bien mais elle est restée dans la pauvre demeure que nous habitions au moment de notre mariage. J'ai emprunté pour faire construire une villa moderne, elle a refusé d'y venir. Elle disait que ce qui était bien pour elle jusque-là le serait jusqu'à sa mort.

Elle n'avait qu'un plaisir : faire le bien autour d'elle. Elle donnait tant qu'elle pouvait. Une fois je lui avais dit que c'était un peu trop. Elle m'avait répondu : « C'est ma seule joie ».

Pourtant, elle était cultivée. Elle écrivait des vers en français et en provençal. Un jour, peut-être, je les ferai éditer. Je crois qu'ils en valent la peine.

Lucienne m'a donné deux beaux enfants, Robert, né en 1936, et Louisette, en 1938. Je suis grand-père de deux garçons, Alain et Pierre. Alain et son épouse Chantal m'ont donné la joie d'être l'arrière-grand-père de Nicolas. Une seule ombre à ce beau tableau de famille : le décès, en 1990, d'un de mes petits-fils, Michel, emporté, à 20 ans, par le cancer.

A part ce grand malheur, j'ai eu beaucoup de chance avec ma famille qui ne m'a pas posé le moindre problème. Nous n'avons jamais été séparés. Nous habitons tous au Puy et quand je dispose d'une demi-journée je peux voir tout le monde en quelques heures. J'apprécie beaucoup cette possibilité.

Alain, mon petit-fils, a voulu pour Nicolas un baptême républicain. Du côté de son épouse, on tenait au baptême catholique. Il y a eu les deux, preuve que, dans la famille, on continue à refuser le sectarisme. Nicolas est allé à l'église le samedi et le dimanche à la mairie. J'ai eu le plaisir de présider moi-même, en ma qualité de maire, la cérémonie républicaine.

Il s'agit d'une formalité plus fréquente qu'on ne croit. Elle date de la Révolution de 1789. Il y a le parrain et la marraine qui s'engagent, le cas échéant, à suppléer les parents pour élever l'enfant dans la légalité républicaine et à en faire un citoyen.

Certains maires se font tirer l'oreille pour célébrer ces baptêmes. D'autres refusent tout net. Ils ont tort car c'est prévu par la loi. Pour ma part, j'en ai fait plusieurs.

La chance, tout simplement

Si ma décision d'entrer en politique ne doit rien à personne, puisque j'ai voulu prendre cette voie dans laquelle j'estime avoir assez bien réussi compte tenu de mon degré d'instruction, en revanche celle d'écrire ce livre de souvenirs a été fortement influencée par quelques uns de mes amis.

J'ai assez longtemps hésité mais, en fin de compte, au bout de toutes ces pages, je ne regrette pas de m'y être engagé. En fouillant dans ma mémoire, j'ai retrouvé des visages et des événements que j'avais presque oubliés. Ils sont lentement remontés à la surface de ce lac agité qu'a été ma vie. Depuis les limbes de ma plus tendre enfance jusqu'au sommet de cette tour, qui n'est pas d'ivoire, où plus de quatre-vingts années m'ont hissé, je les ai vus resurgir, quelques uns légèrement voilés comme ces images qui paraissent sortir du brouillard, d'autres éclatants de ce soleil de Provence que je regretterai tant lorsque je l'aurai quitté avec tout le reste.

L'âge, dit-on, apporte avec lui la sagesse. C'est possible. Ce que je peux dire, c'est que lorsqu'on a longtemps vécu on ne voit plus les gens ni les choses de la même façon. Je ne dispose pas d'archives et n'ai pas fait de recherches. J'ai simplement fait confiance à ma mémoire, j'espère qu'elle est encore fiable. Si j'ai commis quelques erreurs, elles sont involontaires et il faudra m'en excuser.

Quand j'usais mes culottes courtes sur les bancs rugueux de l'école de Meyrargues, la Durance était ma ligne d'horizon. Il me semblait que la rive droite était un autre monde et je voulais être Christophe Colomb pour aller le découvrir.

Je remercie mes maîtres, Maurice Gautier, l'aimable « Pipette », et François Tronc, le colosse qui nous tapait sur les doigts avec sa règle, de m'avoir appris les choses élémentaires qu'à mon sens on néglige un peu trop aujourd'hui.

Je ne regrette même pas de m'être arrêté brutalement alors que je venais d'obtenir brillamment mon certificat d'études. Ce que le lycée ou la faculté ne m'ont pas enseigné, la vie s'est chargée de le faire. Elle m'a façonné à partir de cette terre de Provence que j'ai, d'abord, cultivée.

A défaut d'une grande érudition, ceux qui m'aiment bien et parfois me flattent disent que je dispose d'un certain bon sens. Si c'est vrai, je le dois à ma famille, à mon père Benjamin et à ma mère Blanche, qui m'ont élevé dans la ligne de leurs valeurs : l'honnêteté, le travail, le respect des autres. Si bien que, lorsqu'est venu pour moi le temps de voler de mes propres ailes, j'ai pu m'émanciper sans effort, suffisamment aguerri pour ne rien craindre des autres, pas assez sûr de moi pour ne pas les écouter.

Franchement, je crois que mon premier acte de courage fut de vouloir, coûte que coûte, être déclaré bon pour le service militaire. Mon œil en moins me permettait d'être exempté mais je ne le voulais pas. Je me sentais aussi fort que les autres garçons de mon âge : pas question de me cacher derrière un handicap dont je ne souffrais pas, ayant réussi à m'en accommoder.

Ce fut le premier obstacle écarté de ma route. Ensuite, tout s'est enchaîné naturellement en fonction des circonstances : la Résistance, la Politique.

J'ai eu l'occasion de l'écrire dans tous ces chapitres, la chance ne m'a pas fait défaut mais peut-être l'ai-je aussi un peu forcée. Le risque, le danger ne m'ont jamais effrayé et, lorsqu'on est passé plusieurs fois au travers, on en prend l'habitude.

Dans la Résistance, par exemple, je n'ai rien fait qui soit vraiment extraordinaire mais tant d'autres, qui n'ont pas fait davantage, sont morts alors que moi, cinquante ans après, je suis encore là.

La Résistance ! Sans Jean Fontenaille ni Jean Franchi, je ne l'aurais sans doute pas connue et au lieu de la vie qui a été la mienne je serais probablement resté au bord de la route, accomplissant mon métier de cantonnier que jamais je n'ai renié. Peut-être aurais-je été aussi heureux, qui sait ?

Quant à la Politique, elle s'est présentée à un tournant du chemin et je l'ai suivie comme deux êtres qui sont faits l'un pour l'autre se prennent par la main et ne se lâchent plus. Elle a été pour moi une fabuleuse maîtresse. Je crois même que je l'ai un peu épousée.

Comme j'ai épousé aussi l'idéal socialiste. C'était en 1930. J'avais dix-huit ans. Je lui resterai fidèle jusqu'à ma mort.

Au moment de conclure, quelques visages m'apparaissent. Ce sont ceux d'hommes avec qui j'ai fait un bout de chemin :

Bottero et Maccario, mes deux copains des luttes syndicales ;

Perreaudin, Franchi, le général Lécuyer, le général Colonna d'Istria, mes patrons de la Résistance ;

Raoul Guigues, Raymond Imbert et beaucoup d'autres, mes amis du Puy-Sainte-Réparade et de la région ;

Gaston Defferre, mon patron en politique et mon maître à penser. Je me réfère très souvent à lui, essayant de deviner ce qu'il ferait à ma place en telle ou telle circonstance. Il me manque beaucoup !

Depuis que je suis en mesure de comprendre, les conditions de vie ont énormément changé. Pas toujours en bien ! Je crois que ce qui fait le plus défaut aux hommes et aux femmes d'aujourd'hui c'est la possibilité de communiquer.

Je me souviens avec nostalgie des veillées de ma jeunesse. Nous étions en famille autour de la table de la cuisine, occupés à trier des lentilles, des pois chiches ou des amandes en nous racontant ce que nous avions fait dans la journée. Il n'y avait pas de télévision ni personne pour nous dire « Chut, laisse-moi écouter ! ». Nous nous écoutions les uns les autres et nous enrichissions notre esprit de cette façon. A défaut de l'Amérique, nous connaissions la Provence et cela nous suffisait.

Quand mon père m'a acheté ma première bicyclette à quinze ans avec ses économies de cantonnier, j'ai dû éprouver plus de joie que mes petits-enfants lorsque leur grand-père député leur a offert une R-5 !

Encore une fois je pose la question : sommes-nous plus heureux qu'hier ?

Ma longue vie a été bien remplie : d'honneurs autant que d'affection. Je souhaite à tous de connaître autant de joies que j'en ai eues auprès de ma famille ou dans mes activités. Je me considère comme un privilégié.

Privilégié d'avoir gravi autant d'échelons dans ma vie politique. Privilégié d'avoir été entouré d'autant d'amour dans ma vie d'homme. Pour mes parents, ma femme, mes enfants, mes petits-enfants, j'ai eu l'impression d'être le centre du monde. Toute vanité mise à part, je ne connais pas de sentiment plus réconfortant. Sauf peut-être celui d'avoir cherché à être utile sans compter.

Aujourd'hui, Josiane, ma compagne, me supporte. Elle a beaucoup de mérite car je reconnais qu'il ne doit pas être tous les jours facile de vivre avec moi. Malgré mon âge, je suis « soupe au lait » et inquiet. Je ne supporte pas d'être malade. Josiane a beaucoup de patience. Elle m'entoure d'amour et d'affection. Elle mériterait la Légion d'Honneur.

J'ai eu de la chance de la rencontrer. Elle est « Pied-noir ». Je l'ai déjà dit : entre le Provençal que je suis et les Rapatriés d'Algérie, le courant a passé tout de suite.

Je ne vois autour de moi que de l'amitié. Le Conseil général est un peu ma maison. Quand j'arrive à la Préfecture, presque tous mes collègues m'embrassent, les Socialistes comme les autres. C'est, certainement, parce que je n'ai jamais été sectaire. Ma longue expérience m'a montré que l'on ne peut jamais prétendre avoir raison à cent pour cent. Je suis donc devenu, au fil des années, le papy de l'assemblée départementale. J'avoue que j'en suis heureux.

Combien me reste-t-il de temps à vivre ? Sans doute pas beaucoup mais je ne suis pas pressé de partir à l'Orient éternel.

Au moment de conclure ce modeste recueil de souvenirs que j'ai écrit avec Robert Bonifay, je tiens à remercier encore une fois tous ceux qui m'ont aidé a accomplir les missions qui m'ont été confiées : mes chefs de la Résistance, Jean Perreaudin, Jean Franchi, le général Lécuyer, le général Colonna d'Istria ; mon maître à penser en politique, Gaston Defferre, à qui je dois beaucoup, et mes collègues députés, sénateurs, conseillers généraux et maires ; les hauts fonctionnaires et les secrétaires qui ont travaillé a mes côtés, supportant, parfois, mes sautes d'humeur.

Le message que je souhaite laisser en refermant ce livre est pour ceux qui m'aiment et pour mes amis : surtout qu'ils ne soient pas tristes lorsque le jour viendra où je devrai vous quitter.

Ma vie a été formidable. Je voudrais tant qu'il en soit de même pour tous.

Achever d'imprimer
le 28 mars 1994
sur les presses de
l'Imprimerie A. Robert
116, bd de la Pomme
13011 Marseille
Pour le compte des
Editions Jeanne Laffitte

Dépôt légal : mars 1994